RECVEIL DES PREMIERES OEVVRES CHRESTIENNES DE N. LE DIGNE SIEVR DE l'Espine-Fontenay.

R'ASSEMBLEES
PAR A. DE LA FOREST
Escuyer, sieur du Plessis.

A PARIS.
Chez IEREMIE PERIER rue Sainct Iacques au Bellerophon.

1600.
AVEC PERMISSION.

A MONSIEVR MONSIEVR THOMASSIN BAILLIF DE LA PRINCIPAVTÉ de Ioinuille.

ONSIEVR,

La perdurable, ferme & fidelle amitié, qui est entre vous & l'Autheur de ces petites œuures, recogneue de tout le monde esgaller la plus louable couple du passé, m'a faict facilement iuger, que pour les sauuer du naufrage, ie ne deuoy les dresser à autre port, qu'à celuy où ie sçay que lon cherit, & le Pilotte, & la barque. Ie seray excusable, ce me ſemble, en ſon endroit, ſi ie remets entre vos mains ce qui vient de ſa part: mais i'ay crainte de n'eſtre pas aduoué, d'auoir mis en ſon abſence, & ſans ſoncōgé, à la veuë de tout le monde, ce qu'il veut cacher à ſes plus familiers. Vous cognoiſſez que ſon humeur neglige ces aggreables paſſe-temps apres qu'il y a pris plaiſir. Il les veut perdre ſi toſt qu'ils ſont eſclos, non tant pour la crainte du iugement diuers qui s'accompagne ſouuent & d'enuie, & de medire, comme pour le meſpris qu'il a faict de ce doux exercice ,qu'il appelle vne gratieuſe perte de temps. I'ay tiré de luy à plusieurs fois ces petites pieces de deuotion, que i'ay ſemees ſans ordre , attendant que ie luy en puiſſe deſrober & ſouſtraire dauantage. Ie n'ay rien voulu changer ny alterer, quoy que ie les aye priſes ſur des minutes qui n'ont iamais eſté reueües, ny tranſcrites, & pour ceſte occaſion il y aura pluſieurs choſes qui pourront eſtre deſ-aggreables, mais ie proteste de prendre sur moy mesmes, tout ce qui pourroit estre de defaut ou de mal dressé. Il ne seroit raisonnable de l'imputer à celuy qui n'a eu autre obiect, que de prendre ces petits loisirs pour louer Dieu, & non pour faire monstre de belles parolles ou de serieux discours. C'est en son grand & riche temple de chasteté qu'il faict paroistre comme il sçait releuer ses vers, & solider la matiere quand il luy plaist. Il a basti ce beau temple de si grand & recommandable dessein, qu'il se peut iuger capable pour y loger l'hõneur & les perfections, car il employe en toutes sortes d'ordre toute la cimetrie & l'artifice que peuuent apporter les plus grands secrets de l'antique & moderne architecture. Il y a trauaillé auec vne si curieuse recerche de ce qui ce peut inuenter sur les regles des embellissemens, que les plus vaillans maistres auront suiect d'y regarder deux fois, & les dames auront le plaisir que les plus parfaicts ornemens ſont à leur gloire. Iay faict tout mon poſſible pour le retirer de ſes mains, mais ie n'ay peu l'obtenir, & croy qu'il n'y a autre moïen de le vaincre que de le coniurer au nom de ceſte ſincere affection qui demeure inuiolable entre vos deux braues eſprits. Si vous m'enuoyez ſes Tragedies, ſes Paſtorelles, ſes Diſcours de la chaſſe, & ſes Amours, auec d'autres belles œuures que ie croy que vous auez de ſon inuention, ie les mettray auec le recueil de ce qui me reſte en proſe. I'ay encor vne partie de ce qu'il a faict à la Cour, durant ces derniers troubles, où il a formé plus de force, & gaigné plus de cognoiſſance. Ses dernieres œuures auſſi ont vn air beaucoup plus releué que ces premieres: mais il ne s'eſlongne point de ceſte facile douceur qui luy eſt naturelle. Ie reclame voſtre protection pour me ſeruir d'excuſe de l'entrepriſe que i'ay faicte ſans ſon conſentement, & me cachant ſous l'ombre de voz aiſles, ie veux demeurer pour iamais

MONSIEVR,

Voſtre bien humble ſeruiteur.
DE LA FOREST.

De Paris ce 20. Iuillet. 1600.

SVR L'AMITIE DV SIEVR THOMASSIN & de l'Autheur.

Les deux freres tant renommez
Pour leur amitié tant insigne
Ne se sont iamais mieux aimez,
Ni de fidelité plus digne.
Ces deux freres luisent aux Cieux
D'vne lumiere entresuiuie
Et ses deux amis seront mieux
Viuans d'vne eternelle vie.

FLORIMONDE.

Au Sieur du Pleſſis.

TV ne dois deffendre ces vers,
Il vont de trop belle aſſeurance
Ceux qui leur voudroient faire offence
Seroient deux-meſmes deſcouuers
En deſcouurant leur ignorance.

Le Sieur du PORCELET.

Av

SONNET.

CRoirois-tū bien LAVNAI *ceste metamorphose*
Que ton Plessis qui braue & tient tout à mespris
Craigne les vains discours de ces tristes espris
Qui veulent sans sçauoir iuger de toute chose.

Croy moy, il n'en craint rien, mais bien il se propose
Que la viue douceur de ces Dignes escris
Auront en nostre Court tant de gloire & de pris
Que ces petitz Censeurs tiendront la bouche close.

Ce sont des Sansonnets qui n'ont que bec & plume,
Qui parlent sans sçauoir, discourent par coustume,
Et croient que leur vois soit l'arrest d'vn ressort.

Ils n'ont ny de la Court, ny d'Amour cognoissance
Lon se trompe LAVNAI, *de croire qu'il y pense*
Il les tient pour si peu qu'il se feroit grand tort.

De la Fond Fr. du Sieur du Plessis.

Au Sieur du Plessis.

QVand le DIGNE *suiuoit & la Court et la grace*
Des mignardes Beautez qui l'ont fauorisé,
Il chantoit parmy nous comme Orphé sur Parnasse
Des Muses & d'Amour tousiours authorisé:
Maintenant tout changé la louange il reiette,
Il desdaigne ses vers ou les tient en secret,
Mais s'il ne veut le Nom, ny le rang de Poete
Il aura malgré luy le tiltre de Discret.

CATHERINE DE FONTENETTE.

Au Sieur du Plessis.

T*V ne dois craindre pour le* DIGNE
La foible humeur des ignorans,
Son esprit est blanc comme vn cygne,
Ils sont noirs comme Cormorans.

SILVINE DE LA TOVR.

Au Sieur du Plessis.

PLESSIS *ne craint la dent maligne*
Des controlleurs du faict d'autruy,
Il craint que son amy le DIGNE
Ne soit trop mal-content de luy.
Le DIGNE *estouffe sa memoire,*
Et le PLESSIS *la met au iour,*
Pour auoir sa part à la gloire
Comme il a part à son Amour.

FRANCINE DE LA BRVYERE.

SONNET.

PRophanes mocqueurs taisez vous
Qui brouillez tout ce que vous faites,
Lisez ces beaux vers graues-dous
Vous lirez des choses parfaites,

Le Digne vous fait honte à tous,
Car il quitte les vains Poetes
Et prend le ton des grands Prophetes
Pour venir chanter parmy nous:

Il quitte la trace amoureuse,
Et d'vne flame plus heureuse
Purifiant sa loyauté,

Il volle au ciel entre les Anges,
Pour dire les belles louanges
Du Principe de la Beauté.

BEROALDE SIEVR DE VERVILLE.

QVATRAIN.

Le Digne ſait bien comme il ſault
De tenir ſes belles penſees
Maintenant dans le ciel hauſſees,
Pour chanter l'honneur du tres-hault.

N. MORELET.

Au Sieur du Pleſſis.

LE PLESSIS *ne faict cas du diuers Iugement*
Des diſcours du Palais, ou des traiz du college,
Car il porte dequoy mener trop rudement,
Ceux qui n'ont que la plume, ou qui n'ont que la verge.

Le Capitaine LA POTERIE.

Au Sieur du Plessis.

LE marinier iuge de l'eau
L'Alcmiste du feu qu'il soufle,
Le Cordonnier de sa pantoufle,
Et le Peintre de son tableau:
Mais c'est vn malheur ordinaire,
Que celuy qui feroit le moins
Veut estre iuge du bienfaire,
Et ne vaut pas vn faux-tesmoins.

Le sieur de MORE.

Au Sieur du Pleſſis.

CEux qui iugeront de trauers
Ces doux diſcours d'vn gouſt
Ils trouueront la douceur ſade, (malade
Comme vn enfant la mort aux vers.
Mais qui lira d'affection
Ceſte nayueté ſi douce,
Il verra que la douceur pouſſe
Iuſques à la perfection.

M. D. L. H. Medecin.

LES MVSES EN faueur du Sieur le Digne.

Calliope.

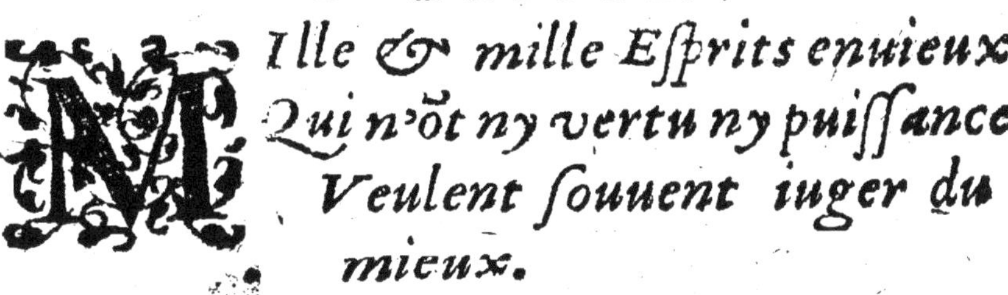

Mille & mille Eſprits enuieux
Qui n'ōt ny vertu ny puiſſance
Veulent ſouuent iuger du mieux.
Sans iugement & ſans ſcience,
Tout ce qu'ils voient leur deſplaiſt,
Rien n'eſt bien à leur fantaiſie,
Mais leur cueur plain de ialouſie
Se faict cognoiſtre tel quil eſt.

Clion.

CHacun diuerſement eſcrit,
Chacun diuerſement façonne,
Chacun ſur le trait qu'il s'addonne

N'est pas poussé d'vn mesmt esprit
Laisse le mal, choisi le bien,
Tu peux le laisser, ou le prendre,
Il nous sied trop mal de reprendre
Lœuure qui ne nous couste rien.

VRANIE.

LEs esprits sont aussi diuers
Que sont les fleurs d'vne prairie
Mais c'est le beau de l'vniuers
Qu'en tant de beautez il varie.
Ne blasme iamais sans suiect.
Tout ne peut pas estre semblable
Pour rendre vne chose aggreable
Il faut varier son obiect

POLIMNIA.

SI tu as dedans ton iardin
Des arbres de diuerse sorte
Tu prens plaisir de voir qu'en fin
Chacun son diuers fruict apporte
L'vn est bon & l'autre est meilleur,
L'vn est franc, & l'autre est sauuage,

Mais en fin tout ſert en meſnage
Soit pour le fruict, ſoit pour la fleur.

EVTERPE.

LEs peintres ſur meſme tableau
Ne tiennent pas meſme maniere
Toutesfois tout eſt trouué beau
Quand tout eſt faict de main ouuriere,
Les plus grands Maiſtres auiourd'huy
Cerchent les traicts de michel-An, (ge
Et lon ne treuue pas eſtrange
S'ils ne font pas ſi bien que luy.

MELPOMENE.

LOn ſçait que Petrarque et Ronſart
Sont au plus beau lieu ſur Parnaſſe
Ceux qui ont la nature & l'art
Ne laiſſent pas d'y treuuer place:
Le Digne y ſeroit des premiers
Aßis au bord de la fontaine
Et auroit des plus beaux Lauriers
S'il en vouloit prendre la peine.

THERPSICORE

CEux qui recercheront le dous
Aymeront ce coulant bien dire
Car il n'est pas facille à tous
De bien & doucement escrire,
Ceux qui ayment la grauité
Y trouueront vn air fort graue,
Car quand cet esprit veut , il braue
Sans quitter sa nayueté.

TALIA.

CEux qui blasment la belle humeur
Et l'honneur des Ames gentilles
Ce sont de gros freslons sans cœur
Ou mouches guésspes inutilles,
Ils tournent toute chose en fiel,
Ils corrompent les plus parfaites
Et voudroient garder les auettes,
De faire la Cire & le miel.

ERATO.

L'Enuie est vne passion,
Qui ne loge qu'en ma uuais Am

Elle fuit la perfection,
Et court tousiours apres le blame,
Mais sa malice ne peut rien,
Pour nuire à la bonne fortune
Moins que l'ombre d'vn petit chien,
Qui abbaye au clair de la Lune.

BOIS PERRIN.

LES TROIS GRACES En faueur des œuures du Sieur le DIGNE.

BEaux vers vous sortez pour paroi-
stre,
Sans le congé de vostre maistre
Mais on ne vous en peut blasmer
Le Plessis a trop de courage
Pour vous garentir de l'orage
Du plus dangereux de la mer.

Demarez beaux vers aggreables
Les Graces vous sont fauorables
Saluez le Soleil leuant
Voguez tousiours à plaines voiles
Vous auez deux claires estoilles
Qui vous marqueront le bon vent.

Vostre Autheur a trop de merite
Et le Plessis trop de conduitte
Pour vous garder de tout effort
Ne craignez donc point la fortune
Malgré la tempeste commune
Vous irez surgir à bon port.

HENRIETTE DE LA CHESNAIE.

Au Sieur le Digne.

LE Digne ie te pri' ne trouue point mauuais,
Si i'ay logé ton Nom & mon Nom dans ce liure
Ie sçai bien que ton Nom sera pour tousiours viure
Et ie veux viure ausi auec toy pour iamais.

LE PLESSIS.

Au Sieur le Digne.

LE Digne est par trop reformé
Depuis qu'il veut faire retraicte,
De ne vouloir estre nommé
En chose qu'il a si bien faicte.

LA BASTIE.

RECVEIL DES PREMIERES OEUVRES DE N. LE DIGNE sieur de l'Espine-Fontenay.

RASSEMBLÉ PAR A. DE LA FOREST ESCVYER SIEVR du Plessis.

MEDITATION 16.

INITIVM SAPIENTIÆ Timor Domini.

RAND gouuerneur du Ciel, conduitte sage & sainte,
Qui as mis la prudēce en l'effect de ta crainte,
Fai que i'aime ta gloire, & craingne ton pouuoir,
Que ce ressentiment soit la puissante bride

A

Pour retenir le cours de l'erreur qui me guide
Et contre ta Iustice, & contre mon debuoir.

Mon humeur, malgré moy, à son gré me transporte,
Et si ta seule crainte, & plus ferme & plus forte,
N'arrestoit coup sur coup mes folles pasſions :
I'iroy auec le vent de nature & du vice
Violemment porté me fondre en precipice,
Dans l'abisme cruel de mes affections.

Pour me perdre en mon mal cent fois ie me hazarde:
Mais ta crainte m'arreste, & ta bonté me garde,
L'vne cueille mon Ame, & l'autre ouure mes yeux:
Heureuse & douce crainte où ie prens la prudence,
Pour voir les saints tresors de la toute puissance,
Et les biens eternelz de la gloire des Cieux.

Cette crainte ne craint ni le fer ni l'espee,
Car l'Ame par le fer ne peut estre frapee,
Ie ne crains point l'effort qui peut tuer le corps,
Ie crains, de iuste peur, ta Iustice eternelle,
Qui pewlt perdre à iamais mon Ame criminelle
Dans l'effroiable horreur du Royaume des mors.

Ie crains ton bras vengeur qui ton ire seconde,
Qui ne craindroit celuy qui iugera le monde,
Qui changera de face à tout cet vniuers:
Qui nous reprochera ses graces offencees,
Et punira le mal des secrettes pensees
Par l'eternel brasier de l'ardeur des Enfers.

Les puissantes vertus des Ordres Angeliques.
Les Ornemens du Ciel, les astres magnifiques
Qui te seruent sans cesse en leur cours arresté:
Tout ce que la grandeur de ta force rassemble,
Tremble tout deuant toi: car il faut que tout tremble
Soubz le iuste pouuoir de tant de Maiesté,

Les merueilleux secretz de tant d'œuures si belles,
Le grand cintre du Ciel tout persemé d'estoilles,
Les discordans accordz des diuers Elemens;
D'vne ferme ordõnance en tout temps font leur charge,
Soubs l'aille de ta crainte, & rendent tesmoignage
Du respect asseuré de tes commandemens.

La Terre preparee à suiure sa Nature,
Embellit les saisons de diuerse peinture
Et par le beau des fleurs donne l'espoir du fruit:
La Mer qui recognoist ce qu'il faut qu'elle suiue:
Demeure obeissante & son onde craintiue,
N'outrepasse iamais le riuage prescrit.

Si la beauté du monde en si bel ordre vnie,
Craint tousiours toutefois ta puissance infinie,
Soit en haut sur les Cieux soit en terre icy bas:
Moy, las! que doi-ie craindre, où me doi-ie reduire
Innutille pecheur qui ne sers que de nuire,
Qui scay ce qu'il faut faire & si ne le fai pas.

Si tost que i'ouure l'Oeil, ie voy que toute chose
A seruir tes grandeurs librement se dispose,

Chacun faict son office & n'y manque iamais:
Et moy seul ie t'offence, & ie ne puis congnoistre
Que ie romps les liens & l'ordre de mon estre,
Cerchant tousiours la Guerre où doibt estre la Paix.

Ie voy d'vn mesme temps ta Iustice seuere,
Qui arme sa rigueur d'vne viue colere,
Et balance le bras pour me perdre soudain:
Tout ainsi que iadis la tempeste & la foudre
Perdit toute vne armée & mit au vent la poudre
De la force d'Assur qui ne craignoit ta main.

Ainsi ton feu vengeur violemment deuore
Les plus creux fondemens de l'infame Gomorre,
Tout brusle, tout abisme, & se perd deuant luy:
En moins d'vn prompt momẽt tout est reduit en cẽdre,
Moy qui t'offence, ô Dieu, ne doi-ie pas aprendre,
Qu'il faut deuenir sage à l'exemple d'autrui.

Ces premieres Beautez, ces natures parfaites
Que ta fœconde voix pour le Ciel auoit faites,
Qui d'vn temps eurent l'Estre & la fœlicité,
Pour n'auoir eu ta crainte ont ta gloire perdue,
Et ta iuste Iustice en leur faute estendue,
A condamné leur troupe au feu d'Eternité.

L'homme aussi que ta grace auoit rendu capable
Des tresors eternelz, se perdit, miserable,
Lors qu'il perdit ta crainte, & fit des Dieux nouueaux:
Comme tu fus son pere aussi tu fus son Iuge,

Et lors pour le punir le violent Deluge.
Abisma tout le monde au gouffre de ses eaux.

Ne doi-ie pas donc craindre vne force si grande,
Doi-ie pas obeir celuy qui me commande?
Et suiure la clarté qui me donne le iour.
Seigneur, fay que d'vn temps ie te craigne & ie t'aime,
Et que pour ne tomber soubz ta iustice extreme,
Ie viue soubz ta crainte & meure en ton Amour.

QVATRAIN. I.

LA fortune, l'honneur, l'esperance, des hommes,
Ce grand astre du iour qui esclaire en tout lieu,
Nostre estre & nostre esprit vient de l'Esprit de Dieu,
Et la gloire est à Dieu & tout ce que nous sommes.

QVATRAIN. 2.

LE bon chiẽ vient de Race & l'Aigle braue & fiere
Engendre des Aiglons hagars braues & fiers.
Du Coursier genereux viennent de bons Coursiers.
Mais vn mauuais enfant vient souuent d'vn bon Pere.

SONNET.

OVS le calme repos d'vn tranquille silence,
Couuert du voile obscur des ombres de la nuit,
Lors que l'air est sans vent, que la terre est sans bruit,
Que l'esprit sans obiect demeure en sa puissance.

Ramassez les tresors de vostre intelligence,
Esprits qui craignez Dieu, chassez ce qui vous nuict,
Et comme à la clarté du beau Soleil qui luit,
Voyez dedans le Ciel vostre premiere essence.

Si vostre Ame vne fois en ce bon-heur rauie,
Peut comprendre l'estat de l'eternelle vie:
Ce corps ne luy sera qu'vne obscure prison.

L'honneur luy semblera de la paille allumée,
La richesse du vent, la vie vne fumee,
Et la douceur du monde vne amere poison.

QVATRAIN. 3.

REcerche la science & croy quelle est sans doubte,
La guide de la vie & l'œil de la vertu,
Si tu és ignorant hé pauure homme qu'es-tu.
Que l'ombre mal conduit d'vn corps qui ne voit goutte

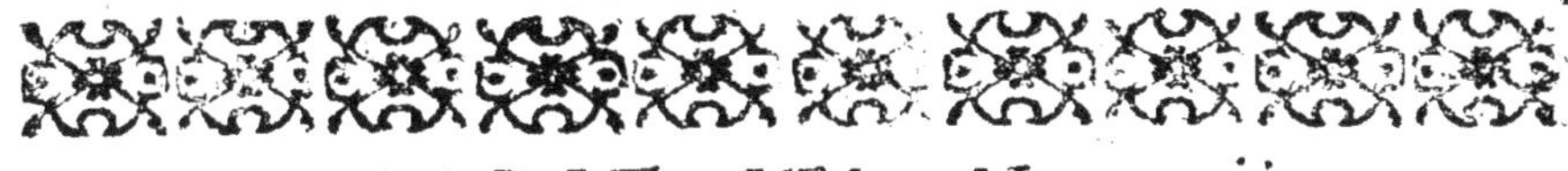

MEDITATION xvij.

FACTVS EST REPENTE DE coelo sonus.

V mois le plus paré de la saison plus belle,
Au plus gratieux iour de ce gracieux mois,
Que la sage Nature en sa beauté nouuelle
Pare de fleurs la prée, & de feuilles les bois.

Durant le clair serain de si douce iournee,
Les fidelles Esprits à mesme heure assemblez,
Attendoient la promesse & la grace ordonnee,
Pour les rendre à iamais du premier bien comblez.

Soudain, comme l'esclat d'vn violent tonnerre,
L'on entendit du Ciel vn son plein de terreur,
Qui, remplissant de bruit le reste de la terre,
Remplit ces saintz esleuz de parfaicte douceur.

Ce bruyant tourbillon passant sur cette trope,
Donnoit dans l'Edifice, & l'alloit esmouuant,
Comme on voit les sapins s'esmouuoir sur Rodope.
Alors qu'ilz sont poussez de la force du vent.

Alors l'Esprit promis, la flamme viue & Sainte,
Entourne esgallement ce petit nombre esleu,
Et rallumant la foy cachee soubz la crainte,
Penetre dans leur Ame en mystere de feu.

Ces Peres à l'instant ardans de cette braise,
Sentent nouueaux desirs de cet Esprit nouueau,
Ce feu les purifie, ainsi qu'en la fournaise,
Le feu rend l'or plus riche, & plus pur & plus beau.

Ilz doubtoient parauant, leur foy mal assuree
Se receloit craintiue & ne paroissoit pas,
Mais lors la Verité d'eternelle duree
Les rend pleins d'asseurance au mespris du trespas.

Voila, sans plus tarder, de l'vn à lautre polle,
Suiuant ce vif Esprit qui les guide en tout lieu,
Ilz vont par tout le monde annoncer la parolle,
Et monstrer les effectz des puissances de Dieu.

Ces pauures ignorans qui mesnageoient leur vie,
Parmi les hameçons, les nasses, & les retz,
Ont maintenant au Ciel l'Ame toute rauie,
Ilz parlent toute langue & sçauent tous secretz.

Ces pescheurs idiotz, ces pauures mercenaires,
Perdus parmi la foulle & cachez sans renom,
Vont preschant la grandeur des choses salutaires,
Et font courir le peuple au grand bruit de leur nom.

Ilz preschent dans le temple, ilz preschent dans la place,
Ilz parlent du moteur de ce grand vniuers,
Et le profond sçauoir d'vne si grande grace
Confond les plus sçauans de tant d'hommes diuers.

Ceux de l'heureux terroir, ceux du rouge riuage,

Ceux du Pontique port, ceux du Nil au grand cours,
Demeurent estonnez, d'entendre en leur langage
Les emouuans effors de leurs doctes discours.

Les peuples assemblez de l'vne à lautre borne,
Ceux qui ont le grand cercle en Zenit esleué,
Ceux qui sont sous le Canchre, & ceux du Capricorne,
Ont en leur propre langue vn truchement treuué.

Les furieux Demons qui prenoient la licence,
De dominer la terre en l'vn & l'autre bout
Prenoient soudain la fuite à leur seule presence,
Au nom de ce grand Dieu qui commande partout.

A ce Nom Sacro-sainct qui rend leur voix hardie,
Ils chassoient la douleur hors du corps tormenté!
S'ilz imposoient les mains, soudain la maladie,
Par ce diuin pouuoir cedoit a la santé,

O Diuine douceur! o Bonté sans pareille,
Consolateur de l'ame, Esprit plein de tous biens,
Quel esprit icy bas comprendra ta merueille,
S'il n'a l'Esprit Seigneur, d'estre au nombre des tiens.

Viens donc, Esprit viuant, belle & claire lumiere,
Respends tes clairs rayons sur mon infirmité,
Et dechassant l'obscur de ma prison premiere,
Ouure mes yeux au iour de ta diuinité.

Par le prompt dissoluant d'vne forte cendree,

Separe de mon cœur l'impur qui reste encor,
Et par la douce ardeur de ta flamme Sacree.
Rendz moy deuant ta face außi luisant que l'or.

Que mon Cœur, pour iamais, se rendre en cette espreuue,
Plus facille & plus mol qu'il n'estoit endurci,
Et que mon Oeil s'ouurant à ton Soleil se treuue,
Plus subtil & plus clair qu'il n'estoit obscurci.

Que me purifiant de ma malice enorme,
De l'eau de ton Amour ie me sente arosé
Et prenans de tes mains vne nouuelle forme,
Ie sois, selon ta grace, à tout bien disposé.

Poussé diuinement dans le fort de mon Ame,
Le soufle le plus doux du vent de tes Zephirs,
Affin que ta douceur comme le dous du basme,
D'vne agreable Odeur remplisse mes desirs.

Vien Sacré don des Cieux, Source de tout merite,
Qui gouuerne la vie, & commande à la mort,
Vien Esprit de secours seule & seure conduite,
Fay voguer de bon vent mon nauire à bon port.

QVATRAIN. 4.

LEs grands fleuues se font de bien petite source,
Les Cites prennent trait de petis fondements;
Et les hommes außi de petiz mouuements,
Font souuent des deßeins qui font vne grand course.

SONNET.

ISERABLE mortel qui vois dessus ta teste
De la main du tres-haut la forte pesanteur,
N'entendras tu iamais la voix de ce pasteur,
Qui soingneux te predit la future tempeste:

Tourne les yeux sur toy, voy ton mal manifeste,
Peux tu fuire le pois de si iuste fureur?
Ne crains tu point le coup de ce foudre vengeur
Qui eslance sur toi la volonté cœleste.

Quand tu resens l'effect de la main vangeresse
Tu congnois bien alors le maheur qui t'opresse;
Soudain tu crie a l'aide & demande merci,

Le danger en naissant te fait naistre la crainte,
De la crainte le mal, & puis du mal la plainte,
Mais le peril passé la crainte passe aussi.

QVATRAIN. 5.

BEnissés ce grand Dieu qui de rien a fait naistre,
Le supresme eslément l'air & la terre & leau.
Qui fait torner les Cieux par vn ordre si beau.
Et iugés a l'effect quelle est la main du maistre.

SONNET.

DES profanes mondains adonnez à mal faire,
Qui n'ont rien que la face & la façon d'humain,
Qui vont semant l'iuraye au milieu du bon grain,
Ayant le naturel à tout bien tout contraire.

Ces malins font tousiours leur pratique ordinaire,
Dressans en mille endrois dessein dessus dessein,
Et vomissant le mal qui leur remplit le sein,
Gastent de leurs venins la table salutaire.

Les harpies ainsi cruelles & gourmandes,
En rauissant soudain les solides viandes,
Infectoient à l'instant & l'air & la maison.

Ces mondains prophanés ont cette mesme audace,
Leur voix est assez douce, assez belle est leur face,
Mais ilz sont tous remplis de mortelle poison.

QVATRAIN. 6.

IL faut executer sur l'heure & sans attendre,
Souuent pour differer l'on pert de beaux subiects
La prompte diligence, est mere des effets
Qui pert l'occasion ne la peut plus reprendre

SONNET.

Espris qui suportez l'insolente risee,
Des moqueurs de ce monde & des malicieux,
Que vous estes cõstãs de pouuoir gracieux,
Vaincre ainsi des malins l'humeur maladuisee:

Celuy qui a pour nous sa grandeur mesprisee,
Souffroit ainsi l'effort des IuifZ audacieux,
Luy qui pouuoit soudain faire tonner les Cieux,
Et rendre d'vn clin d'œil toute force brisee.

Ce charitable Agneau qui n'a faict resistance,
Vous aprant, beaux Esprits, cette belle constance
Qui ne craint le mespris, le monde, ni la mort.

Le monde perira, la mort n'est qu'vn passage,
La Chrestienne douceur mesprise cet effort,
Car elle a pour sa part le Celeste heritage.

QVATRAIN. 7.

HOnore les vieillards que l'exercice & l'age
Souz l'aille des vertus à rendus plus sçauans
La longue experience est l'honneur de leurs ans
Et leur prudent conseil te peut rendre plus sage,

SONNET.

OYCI le mois d'Auril & la Saison naissante.
L'air est tout gratieux les ventz sont tous remis.
Les Arbres des foretz par l'hyuer tous demis
Reprennent peu à peu leur beauté verdissante.

Cette saison nouuelle en douceur florissante,
Ressemble au premier âge à qui tout est permis
Qui s'esleue en ieunesse, & qui semble estre mis
Pour l'ornement du monde en sa grace croissante:

Mais ce verd n'a qu'vn temps, car l'ordre de nature,
Gaste ceste saison par la forte froidure,
Et la ieunesse aussi par la force des ans;

Le Printemps toutesfois tous les ans renouuelle,
Mais l'homme moins heureux viellit auec le temps,
Et ne voit qu'vne fois sa ieunesse si belle.

QVATRAIN. 8.

DOnne gloire sans fin à la puissance saincte
De ce grãd Dieu tout bon, tout iuste & tout parfait
Las! il te peut deffaire aussi-tost qu'il t'a faict,
Si tu n'as son Amour tu dois auoir sa crainte.

SONNET.

L'OBIECT des vains desirs, le malheur ordinaire,
Des trauerses du Siecle & l'incommodité,
La source des grandeurs, & de la vanité
Ne destournẽt iamais le bõcœur de biẽ faire

Heureuse recompence à l'homme debonnaire,
Qui, resolu, peut viure auec tranquillité,
Soit en temps de repos, soit en aduersité,
Tirant de toute chose vn profit salutaire.

Comme vn ferme rocher souuent battu de l'onde,
Il demeure au milieu des vagues de ce monde,
Car la grace l'assiste, & l'espoir le soustient.

Son Ame entre ces flotz asseurée & prudente,
Prend party sur le champ de tout ce qui suruient,
Et de son seul salut seulement se contente.

QVATRAIN. 9.

CHerche dedans ton cœur plustost que dans vn liure
Les actes genereux de tes maieurs passez,
Mais songe cependant que ce n'est pas assez,
De sçauoir leurs vertus si tu ne les veux suiure

MEDITATION 18.

DESIDERIVM PECCATORVM PERIBIT.

VAND ie pense á moy mesme & qu'il faut à toute heure,
Sans cognoistre le temps
Que ie quitte le monde, & que triste ie meure,
Forcé d'abandonner la commune demeure
Et la fleur de mes ans.

O Dieu que de douleur! que mon Ame comblée
De trop de paßion,
Se sent en ce combat diuersement troublée,
Et combien coup sur coup est souuent redoublée
Cette agitation.

Ie suis pressé de dueil, ie suis battu de crainte,
La peur me va suiuant:
Car ie voy qu'à ce point de rien ne sert la plainte.
Et que tout mon dessein n'est qu'vne Idole feinte
De fumée & de vent.

Ie me pers de souci, ie tremble miserable,
    Iusques au fond du cœur
    Iugeant que toute chose est en fin perissable,
    Et que ce peu de vie à chacun tant aimable
    Se perd comme vne fleur.

Ce corps qui se baingnoit en sa delicatesse,
    Nageant en ses plaisirs
    Payant le droit commun à la Parque maistresse,
    Doit retourner en pouldre, & perdre sa ieunesse
    Auec tous ses desirs.

Les trompeuses douceurs de la chair delicate
    Qui ie pipe & l'endort,
    Ses differents effects du penser qui le flatte
    D'vne sorte couuerte & d'vne feinte ingratte,
    Le trainent à la mort.

Que feras tu, mon Corps? que feras tu, mon Ame?
    A ce departement,
    I'apprehende le mal que mon mal'heur me trame,
    Ie recognoi ma faute: & ie voy bien la flame
    Qui brusle à mon tourment.

Ce Demon importun qui est tousiours en voye
    Pour trouuer son repas,
    Rugit autour de moi, m'enuironne & cottoye,
    Et comme vn fier Lion qui descouure sa proye
    Accourt à mon trespas.

De ses ardans regards il m'esblouit la veue,
Et met deuant mes yeux
Les fureurs de mon age en pechez continue
Il me bat par moy mesme, & cruel s'esuertue
De m'empescher les Cieux.

Pour me faire perir par la rage puissante.
De mille vains regrets
Comme dans vn miroir sa main me represente
La beauté de la vie, & la douceur plaisante
Des desirs plus secrets.

Puis pour mieux m'attaquer, par ses ruses contraires,
Et par diuers assaux
Il faict paroistre en front les troupes aduersaires,
Et mille desespoirs des pechez volontaires,
Auec tous mes defauts.

Que ferai-je Seigneur, en fin pour me deffendre
Contre tant d'ennemis?
Ie m'armeray soudain & de sac & de eendre,
I'yrai dedans le fort de ta grace me rendre.
Pendant qu'il m'est permis,

I'embrasseray ta Croix, Enseigne glorieuse,
Seul trophee d'honneur,
Et suiuant ta Bonté tousiours victorieuse,
I'attendray l'ennemy d'vne ame courageuse,
Couuert de ta faueur.

La foy, fille de grace, accourant à la charge,
Conduira mon secours,
Et moy tout renforcé d'ardeur & de courage,
Sans plus craindre l'effroy de ce dernier passage,
Ie finiray mes iours.

SONNET.

E voy deuant mes yeux d'vne importune presse,
A toute heure du iour mes pechez voleter,
Cõme l'on voit la nuit mille feux blueter,
Et ce frequent obiect me trauaille sans cesse.

I'ay offencé Seigneur, helas! ie le confesse,
Et cognoissant mon mal, ie vien pour me ieter
Aux pieds de ta douceur, qui seul le peut traicter
Du point de mon salut en si grande tristesse.

I'ay merité la mort, i'en attends la sentence:
Mais, ô saincte bonté, c'est toy seul que i'ofence,
Toy seul seiour de grace, & siege de douceur.

I'ay mon dernier appel à ta misericorde,
M'asseurant sur toy mesme, ô pere de concorde,
Qui ne veux ni le mal, ni la mort du pecheur.

SONNET.

OVR me faire bannir du Celeste heritage,
Et condamner ma vie à l'eternelle mort,
Le Seigneur Dieu vengeur par son dernier ressort
Appellera le monde en commun tesmoignage:

Le Ciel qui rondement faict tousiours son voyage,
Sans manquer de deuoir, soustiendra que iay tort,
De manquer à celuy qui tout iuste & tout fort,
M'auoit faict l'heritier de l'eternel partage.

L'air, la Terre, & la Mer, qui d'humeur si fecende,
Produisent pour moy seul tant de tresors au monde,
Accuseront tousiours mon infidelité:

Ie ne puis pas nier ma desobeissance,
Que ferai-ie, Seigneur, en cette extremité?
Ie cercheray ma grace en ta douce clemence.

QVATRAIN. IO.

PArle de tes maieurs louange leur memoire
Celebre leurs grandeurs leur valleur & leur foy,
Si tu nas du courage, ilZ n'ont rien faict pour toy.
Tu iouiras des biens, mais non pas de la gloire.

SONNET

PRINCES qui commandez aux peuples de la terre,
Qui tenez tout le monde asseruy soubz vos loix,
Qui voulez que tout tremble à vostre seule voix,
Remplissant l'vniuers de menace & de guerre.

Voyez cõme le Ciel vos Empires enserre,
Voyez lastre du iour & la mere des mois,
Ce ne sont que flambeaux de ce grand Roy des Rois,
Qui vous peut tous ruiner d'vn seul coup de tonnerre;

Iugez qu'il n'vse pas de sa iuste puissance,
Alors que vostre Orgueil insolemment l'offence,
Considerez sa force, apprenez sa douceur:

Voyez comme il gouuerne en ordre toute chose,
Gouuernez vous ainsi. Le Roy qui se propose
D'imiter ce grand Roy, Regne plain de bon-heur.

QVATRAIN. II.

LE peuple est le bras droit & la force du Prince,
Le Prince est lœil du peuple & la reigle & la loy,
Le peuple doit au Prince & l'honneur & la foy.
Et le bon Prince doit la paix a sa prouince.

MEDITATION, 19.

PATER PECCAVI IN CÆLVM ET CORAM TE.

ARDON, seigneur, pardon, Pere que seul i'adore,
Ne déchasse en ton ire vn enfant débauché,
Ie confesse ma faute & repentant i'implore
Tout ce qui sert de voil à couurir mon peché.

Ie suis ce mal-heureux forcé de sa misere,
Touché de son offence, & vaincu du debuoir
Qui recherche à la fin la mercy de son pere,
Esperant plus de bien qu'il n'en doit receuoir.

Ie suis ce fils ingrat, helas qui ne merite,
D'estre assis à ta table; indigne d'y manger,
Trop heureux seulement de la part plus petite
Des restes du repas de ton moindre berger.

I'ay quitté le bel air de mon propre heritage,
Pour viure dans l'ordure & y perdre mes iours

Et ayant

Et ayant follement consommé mon partage
Ie me treuue esloigné d'amis & de secours.

Poußé de mes desirs porté de ma folie
Ie me suis de moy-mesme au mal precipité:
Mais ta bonté Seigneur, facilement oublie
Les defaux de mon aage & ma temerité.

Honteux de ma douleur & dolent de ma honte
I'Approche donc ton siege au sejour de douceur
Croyant que par pitié en fin tu feras conte
Sinon de ma priere, au moins de mon malheur.

En perdant le respect ie dois perdre la grace
Et ta iuste colere auec iuste raison,
Doit destourner de moy ta paternelle face
Et me faire empescher labort de ta maison.

Ie t'ay trop offencé pour auoir l'asseurance
D'attendre pour cet heure vn traittement humain:
Ie sçay bien que ma faute empesche l'esperance,
Mais tu ne veux pas perdre vn œuure de ta main.

Paternelle douceur à chacun secourable
Qui punis par contrainte & non par volonté:
I'inuoque en ma faueur cette main pitoyable
Qui balance la peine au poix de ta bonté.

Ie sçay que ie ne suis qu'vn sec amas de cendre
Qui vole au vent, qui passe & se pert en vn rien,

Du haut Ciel toutefois tu as daigné descendre,
Pour me vestir de gloire & me combler de bien.

Octroye moy Seigneur cette robbe nouuelle,
Qu'à mon retour ie cherche à la porte des Cieux:
I'implore à deux genoux la pitié paternelle,
Le regret dedans l'ame & les larmes aux yeux.

La rigueur te retient, mais la douceur te prie,
La nature te force au bien que ie pretend:
La raison me condamne, & la pitié s'escrie.
Pour obtenir en fin le pardon que i'attend.

Tu promets de donner à celuy qui demande,
Et tu promets d'ouurir à qui pousse à ton huis:
Ie demande & i'espere vne grace bien grande,
Et ie puis l'esperer puis que tu l'as promis.

Ie voy qu'à la rigueur ma faute est sans refuge,
Et que ie suis perdu par le point de la loy:
Mais tu seras Seigneur, & mon Pere & mon Iuge,
Iugeant selon toy-mesme & non pas selon moy.

Tu es ce Pere doux qu'vn sainct amour transporte,
Qui du mal que i'ay faict ne veux te ressentir:
Et ie voy ta clemence accourir sur la porte
Plus encline au pardon que moy au repentir.

Ce publique vsurier qui prestoit sans mesure
Et les moyens du peuple auarement suçoit,

Trouua

Trouua soudain la grace en quittant son vsure
Et si tost qu'il demande aussi tost il reçoit.

Cette folle beauté qui faisoit sacrifice
De ses sales desirs viuant à l'abandon,
Aussi tost qu'à tes pieds elle iette son vice,
Aussi tost dans son ame elle sent le pardon.

Quoy que plus grand pecheur que ce pecheur publique,
Plus que cette mondaine au monde abandonné
I'espere toutefois de ta main pacifique
Le mesme doux effect que tu leur as donné.

Sur ce constant espoir ie m'asseure & me fie,
Me voila sur ta porte à demander mercy,
Fay que l'esprit viuant qui l'esprit viuifie,
Me conduise en ta grace, en me tirant d'icy.

SONNET.

VEL plaisir peus tu prendre Ame ingratte & rebelle,
A suiure les desseins de ta peccante humeur?
N'entends-tu point d'enhaut la tonante clameur,
De celuy qui se plaint de t'auoir faict si belle?

Pour iouir dans le Ciel de la gloire immortelle
Tu as pris tà naissance & Dieu en fut l'Auteur
Ingratte en l'offençant crains tu point sa fureur.
Qui te peult foudroier de la flamme eternelle

Il est long à punir, mais sa lente Colere
Punit plus griefuement que plus elle differe.
Deteste donc ta faute, & retourne à ton bien.

Estouffe les desirs qui t'ont nourrie au vice,
N'offence plus celuy qui t'a formé de rien,
Ou bien tu sentiras le bras de sa iustice.

SONNET.

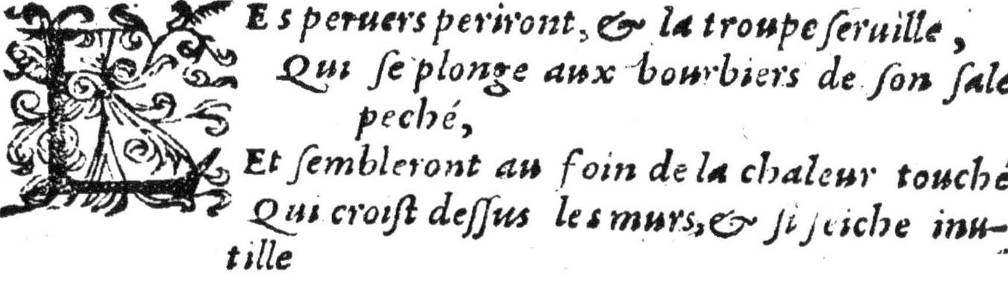

LEs peruers periront, & la troupe ſeruille,
Qui ſe plonge aux bourbiers de ſon ſale peché,
Et ſembleront au foin de la chaleur touché
Qui croiſt deſſus les murs, & ſi ſeiche inutille

Mais les enfans de Paix, qui d'vne ame tranquille,
Suiuent les ſimples pas ou leur Chef à marché
Et qui ont dans le Ciel leur deſir attaché,
Ils produiront touſiours leur vérdure fertille.

Ils ſeront tout ainſi que la fœconde palme
Plantée en bon terroir en lieu paiſible & calme,
Qui croiſt verte & plaiſante, & porte fleurs, & fruict

Et les meſchans ſeront comme pouldre menuë
Qu'vn tourbillon de vent emporte en vne nue,
Et pert en vn inſtant ſa memoire & ſon bruict.

PARAPHRASE SVR LE Psalme 136.

Super flumina Babylonis.

XXXI.

OVCHEZ du iuste dueil de noz pertes extremes,
Nous plorions estonnez tous languissans & blesmes,
Sur la riue d'Euphrate aupres de Babylō,
Regrettans en douleur l'estat de nostre vie,
Sous le ioug estranger durement asseruie,
Lors qu'il nous souuenoit des douceurs de Sion.

Dans les arbres prochains noz Harpes mal tendues
Estoient, deçà delà negligemment pendues,
Noz violons cassés estoient sans archelets:
Noz luths iadis si doux demeuroient innutiles,
Et lors ne seruoient plus qu'aux araignes subtiles,
Pour y tramer leur toille & tendre leurs filets.

Les cruels fils d'Assur & l'orguilleux Caldee
Qui nous auoient tirez de la sainčte Iudee,

Et nous tenoient captifz à leurs loix obligez,
Vouloient faire chanter nostre troupe dolente
Las comment peut chanter celuy qui se lamente!,
C'est vn effect contraire aux esprits affligez.

Oubliez (disoient-ils) l'ennuy qui vous martire,
Accordez à la voix l'Epinette & la Lire,
Le son des instruments resiouit les esprits:
Reueillez les douceurs de voz belles musiques,
Et chantez deuant nous les gracieux Cantiques
Que ieunes vous auez de voz peres apris.

Comment chanterions nous du grand Dieu la loüange,
Sur ces prophanes bords, en vne terre estrange,
Où nous portons le ioug de la captiuité,
Où nous auons la voix, & la force affoiblie?
Ha que plustost Seigneur ma main dextre i'oublie,
Que d'oublier l'honneur de ta saincte Cité.

Que ma langue muette arride & deseichee
Demeure à mon palais pour iamais attachee
En perdant la parolle & la voix sur le lieu,
Si ie n'ay ta memoire à toute heure en ma bouche,
Et si autre plaisir plus viuement me touche
Que le bien de Solime, & l'honneur de mon Dieu.

Souuienne toy Seigneur des cruautés horribles,
Lors que les fils d'Edon furieux & terribles
Emporterent ta ville, & ton Temple d'assaut:
Alors que sans pitié de nous, ny de noz plaintes,

Ils massacroient ton peuple, & couroiēt les mains taintes
De carnage, & de sang tout bouillant, & tout chault

En entrant de furie ils crioient, tue tue
Portés le feu par tout, courrez de rue en rue,
Ne laissés rien d'entier de tous ces bastimens,
Tués, pillés, bruslés, vsés de la victoire,
Que la posterité ne puisse auoir memoire,
Ni de Ierusalem, ni de ses fondemens

Fille de Babilon, insolente & superbe,
Qui nous vois maintenant par troupes sus cette herbe
Mal'heureux en suiectz à mille cruautés,
Tu te ris de noz pleurs, ha cœur plus dur que roche
Pleure pleure sur toy, car ton mal'heur aproche,
Pour te traitter ainsi que tu nous as traittés

Heureux cent fois celuy qui vainqueur formidable,
Quelque iour, a ton rang, te rendra miserable
Foulant aux pieds tes Rois, ton peuple, & ton orgueil
Qui destruira tes murs, embrasera tes Temples,
Et ne te laissera par tes propres exemples,
Que la douleur en l'ame, & les larmes en lœil.

Heureux qui se iettant dans ta ville occupée,
Fera passer ton peuple au tranchant de lespée,
Le tuant sans respect, du sexe, ny des ans,
Heureux qui tirera l'enfant de ta mammelle
Luy brisera la teste & d'vne main cruelle.
Vengera sur les tiens, la mort de noz parens.

ODE.

Eueille toy foible vieillesse.
Qui par tant & tant de dangers
Veux amasser tant de richesse,
Pour la laisser aux estrangers,
Voi que per la vicissitude:
Les euenemens sont diuers;
Et que souuent l'ingratitude,
Est trop commune en l'Uniuers.

Tu crains en viuant de bien faire,
Voulant bien faire apres ta mort:
Mais l'on fera tout le contraire
Des biens que tu cheris si fort
Ton ordonnance sera vaine,
Tes successeurs seront sans foy
Et tel iouira de ta peine,
Qui ne pensera pas en toy.

Puisque d'vne auarice extreme,
Pour tant de thresors amasser,
Tu n'as croiance qu'en toy mesme,
Toy-mesme auant que de passer,
Tu dois aussi d'vne ame haute
Tous les afligés secourir,

Et sans cette peur d'auoir faute
Ne te fier sur l'aduenir.

C'est vne trop grande impudence
D'amasser tant d'or & dargent,
Et au fond de telle abondance
Demeurer tousiours indigent:
Les auares sont miserables,
Leur mal ne se peut excuser,
D'auoir des biens innumerables
Et de n'en sçauoir pas vser.

C'est en vain qu'en la sepulture
L'Egypte enfermoit ses tresors,
Tout l'or que produit la nature
Ne sert de rien parmy les mors:
Celuy est estimé plus sage
Qui preuoit le temps de plus loing,
Les biens ne sont que pour l'vsage
Il s'en faut seruir au besoing.

Celuy qui d'vne main peu chiche
Sçait bien disposer de ses biens,
Se voit de iour en iour plus riche,
Car chacun benit ses moyens:
Et lors que pour sa derniere heure
La parque arreste son fuseau,
Il a le Ciel pour sa demeure
Et tout le monde est son tombeau.

SVR LE PSALME 103.

Benedic anima mea Dominum omnia quæ intra me ſunt.

MEDITATION.

OVT ce qui eſt de vif de prompt & de
ſenſible
Dedans le plus ſegret des forces de mon
cœur
Beniſſe du tres-haut la puiſſance
inuincible
Et loüange ſans fin ſa gloire & ſa grandeur.

Diſpoſe toy mon ame afin de donner gloire
A celuy qui te donne & la vie & les biens:
Conſerue cherement cette heureuſe memoire,
Car l'homme eſt bien-heureux qui peut eſtre des ſiens

C'eſt luy plain de douceur qui purge par ſa grace
Le dangereux poiſon de tes iniquitez,
Qui d'vn ſainct lauement toute ta faute efface,
Et guerit les douleurs de tes infirmités.

Il t'a donné la vie & cent fois te la donne,

B 7

En retirant cent fois, des gouffres de la mort,
Il honore ton chef d'vne riche couronne,
Et sa misericorde est l'astre de ton sort.

C'est luy qui te remplit d'vne heureuse abondance,
Qui te comble de biens, d'honneurs, & de plaisirs.
Qui remforce ton ame, & qui par sa clemence
Contente par effect l'espoir de tes desirs.

Comme l'Oiseau roial renouuelle en la mue,
Et sort plus alongé plus hagard & plus beau,
Ta force tout ainsi d'vn sainct desir esmue,
Sera toute nouuelle & ton cœur tout nouueau.

Dieu selon sa bonté faict sa misericorde,
Mais iuste en iugement, il iuge l'Vniuers:
Sa seuere iustice, à sa bonté s'acorde,
Car en sauuant les bons, il punit les peruers.

Iadis au grand Hebrieu de grace fauorable
Il monstra le fraié du droit chemin des Cieux,
Et aux fils de Iacob sa vois irreuocable,
Prescha ses volontez, pour les suiure en tous lieux,

Que la misericorde est graeieuse & grande
Du seigneur tout puissant! que grande est sa douceur,
Il attend patient que le pecheur s'amende,
Et se rende capable en fin de sa faueur

Il ne veut pas vser de sa iustice extreme.

Il peut bien s'il le veut nous punir promptement.
Mais selon nos pechés sa puissance supréme
Ne veult a la rigueur nous donner le tourment.

Mais autant que le Ciel en sa plus haute enceinte
Sur le rond de la terre est largement voulté,
Autant le seigneur Dieu, sur ceux qui ont sa crainte
Faict estendre l'effect de sa saincte bonté.

Autant que le couchant est distant de l'Aurore
Autant que le midy est eslongné de Lours
Autant cette bonté loin du cœur qui l'adore
De tant d'iniquités faict eslongner le cours.

Comme vn pere touché des lois de la nature,
En pardonnant la faute embrasse son enfant,
Ainsi le createur, aime sa creature,
Et s'amollit aux pleurs du coeur obeissant.

Il recognoist nostre estre, & sçait ceque nous sommes
Nous deseichons soudain comme l'herbe des champs,
Ce n'est que terre & fange & les plus grands des hõmes
Se flaitrissent plustost que les fleurs du printemps.

Les fleurs tombent à bas au premier vent qui vente,
Et les foibles mortels sont sitost abatus,
Que l'on voit le matin leur grandeur florisante,
Mais bien souuent le soir on ne la reuoit plus.

La grandeur du grand Dieu & sa gloire eternelle,

De siecle en siecle dure & ne change iamais,
Sa puissance est sans fin & sa clemence est telle
Qu'elle tient toute chose & en ordre & en paix.

Sa douceur est tousiours fauorable & propice
Aux fils des fils de ceux qui gardent son renom:
Et tousiours a leur garde il maintient sa iustice,
S'ils gardent sa memoire & l'honneur de son nom.

Il a choisi le lieu de son grand tabernacle,
Sur les cintres des Cieux par dessus le Soleil:
Il commande par tout de son haut habitacle,
Et fait trembler le monde au seul clin de son œil.

Benissez le Seigneur vous essences legeres,
Qui plus prompts que l'esclair vous trouués à sa voix,
Qui portés sur le vent voz aisles messageres,
Ministres diligens du decret de ses Loix.

Vous sainctes legions inuincibles armees
Soudains executeurs du vouloir du grand Dieu,
Donnés gloire à celuy qui vous tient animees
Pour celebrer sans fin sa louange en tout lieu.

Tout ce que la nature anime & viuifie,
Tout ce qui est sans vie & git sans mouuement,
Par tout cet vniuers le Seigneur glorifie
Benissant son sainct Nom de moment en moment.

Et toy mon ame aussi bien heureuse en ton estre,

Riche & parfaict ouurage en tant d'œuures parfaicts,
Non ingratte des biens que tu doibs recognoistre
Donne gloire au Seigneur, & le loue en ses faitts,

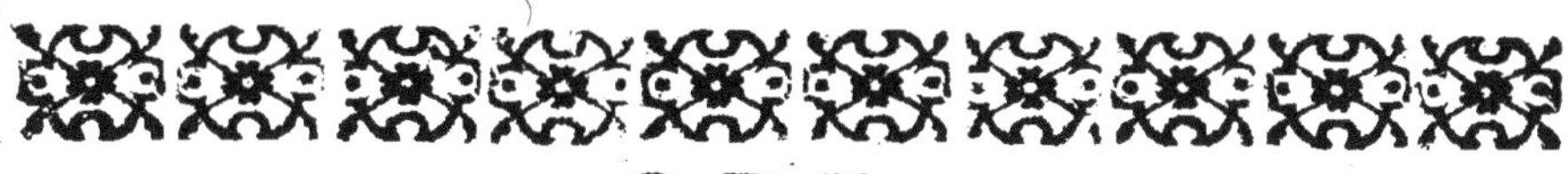

ODE.

POVRQVOY faictes vous tant de bruit
Petits Roitelets sans puissance,
Pourquoy gardez vous iour & nuict
L'estroit de vostre obeissance.
Pourquoy de si fermes rempars,
Munissez vous voz Citadelles
Et pourquoy tant d'œuures si belles
Batissez vous de toutes pars,

Vous voulez fonder vostre honneur
Par le hazard de vostre vie,
Hé ne seroit-il pas meilleur:
De ne la tenir asseruie,
soubz ceste vaine Ambition
Qui vous trouble & vous bat sans cesse,
Et qui cruelle ne vous laisse,
Iouir de vostre affection.

Hé que sert c'et ardent desir
Pour vne despence si folle,
Puis que la vie & le plaisir:
Si tost & si soudain senuolle.
Ce beau soleil qui voit si clair,

Se moque de vous voir en peine
Grauer vostre nom sur la reine,
Et fonder vos desseins en l'air.

Congnoissés vous pas que le temps
Ruine toute sorte d'ouurage.
Vous faictes comme les enfans,
Lors qu'ils font leur petit mesnage,
L'vn bastit son petit chasteau,
Ammoncellant pierre sur pierre:
Et l'autre iette tout par terre
En passant, d'vn coup de chappeau.

Si vous auiez quelque pouuoir
De prol onger vos iours d'vne heure,
Vous auriez raison de preuoir
A quelque fortune bien seure,
Mais puisque pour tout vostre effort
Vous n'auez pas plus de durée,
Croyez que l'heure est mesurée
Qui vous doit conduire à la mort.

Vous perdez repas & repos
Courans apres la vaine gloire
Et cherchés l'honneur & le los
Par la force de la memoire,
Vous faites vn grand apareil,
Pour vn triomphe de parade,
Mais tel triomphant vous regarde,
Qui vous verra dans vn cercueil.

Ce grand ce puissant souuerain
Que vostre foible orgueil mesprise,
C'est celuy qui tient en sa main
Le foudre, & le feu qui tout brise,
Vos bataillons le plus souuent
Qui marchent de si fiere audace
Sont plustost rompus qu'vne glace,
Et plutost perdus que le vent.

TrembleZ tremblés à tous les coups
Que vous entendés le tonnerre.
Et croyez qu'vn plus grand que vous
Commande au Ciel & en la terre,
Tout ce que vous pouuez auoir,
D'honneur, & de grandeur royalle,
Vient de sa d'extre liberalle.
Car c'est luy qui à tout pouruoir.

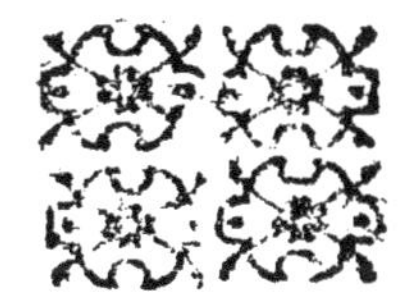

CANTIQVE. 112.

Laudate pueri dominum.

XXV.

HANTEZ petits enfans qui viués sans offence
En la perfection d'vne pure innocence
Chantez d'vn cœur entier & louez le Seigneur:
Redoublez les Acords de ses belles louanges,
Vos innocentes vois imiteront les Anges
Qui benissent la haut le nom de sa grandeur.

Soit beni le sainct nom du Seigneur qui faict estre
Tout ce grand vniuers & qui fait recognistre.
Sa puissance infinie en sa diuersité,
Par nous, par nos enfans, par leur race future,
Et par le temps des temps qui passe la nature,
Soit loué son sainct nom en toute eternité.

Du poinct ou le soleil commence son voyage,
Iusqu'a lextremité de la bouche du Tage.
Et iusqu'au dernier but de la borne des iours,

Soit loué le saint nom du grand Dieu redoutable,
Grand nom duquel la force en ces faictz admirable.
Dure de siecle, en siecle, & durera tousiours.

Sa puissance eternelle a nulle autre seconde,
Triumphe par dessus les puissances du monde.
Car cest le Dieu treshaut, tresgrand, tresglorieux,
Cest le Dieu de Iacob, le grand Roy de victoire,
Qui plain de Maiesté est assis en sa gloire.
Sur vn Trosne esleué pardessus tous les Cieux.

Qui peut estre semblable a la magnificence,
De celluy qui tient tout soubz sa toute puissance.
Qui ordonne & commande a tous les élemens,
Qui ne s'arreste point, sur le point des limites,
Qui veit du haut du Ciel les choses plus petites,
Et penetre la terre au fond des fondemens.

Il conseille, il soulage, il éleue, & redresse,
Celluy que sans secours la necessité presse,
Languissant miserable en son affliction,
Il a soucy du pauure en sa triste aduenture,
Et le tirant en fin & de honte & dordure,
Il rechange lestat de sa condit ion.

Il le tire souuent du lieu le plus infime,
Pour lasseoir en son rang sur vn throsne sublime,
Tenant place au millieu des Princes & des Roys,
Il faict d'vne holette vne lance Royalle,
Et les simples bergers aux grands Roys il esgalle,

Car cest luy qui commande aux honneurs & aux lois.

Il faict par sa bonté que la triste sterille
Se peut veoir bien heureuse vne mere fertille,
Qui remplit sa maison de beaux ieunes enfans,
Quelle voit tousiours croistre alentour de sa table,
Comme ieunes Lauriers qui d'vn rang delectable.
Sur le bort d'vn ruisseau sont tousiours verdissans.

Du point donc ou le iour par sa course ordinaire,
Iettant ses rayons dor, se leue & nous esclaire.
Iusques a lautre point ou loge sa clarté,
Soit loué le sainct nom du grand Dieu du tonnerre,
Que les Cieux, que les feux, l'air, la mer, & la terre,
Soient remplis d'instrumens pour chanter sa bonté.

ODE.

E iour neſt pas encores venu,
Et le dernier point de mon heure
Eſt pour quelque temps retenu.
Mon Ame toute triſte en pleure,
Ne pouuant pas encor voller,
Ou elle penſoit bien aler,
Pour faire eternelle demeure.

La nature ſent la ſanté
Qui reprend peu a peu ſa force
Le ſens qui s'eſtoit abſenté,
Retourne encor dans cette eſcorce.
Mais l'ame qui n'a plus ſoucy
Que de quitter ce monde icy,
Ne ſe plaiſt plus en ceſte amorce.

Son plaiſir le plus ſoucieux,
Ceſt d'eſtre hors de ceſte vie,
Car elle a logé dans les Cieux,
Son eſperance & ſon enuie,
Elle quitte tout icy bas,
Deſirant que par le treſpas,
Elle ſoit dans le Ciel rauie.

Sentant ce Corps ademy mort,
Comme ſi l'heure fuſt venue,
Elle penſoit ia eſtre au port,

Sus le bris de la nef rompue,
Mais par l'effect d'vn prompt secours,
Son vaisseau reprend nouueau cours,
Et retourne en la mer emeue.

Le prisonnier qui s'eschapoit,
Estimant sa vie assurée,
Sattriste ainsi lors qu'il se voit,
Remis en prison plus ferrée.
Et le petit oyseau repris,
Se plaint lors qu'il se voit remis
Dans vne Cage plus serreé.

Ce desir ainsy aresté
Dedans Ceste Cage mondaine,
Regrette encor sa liberté
Qui luy sembloit toute prochaine,
Quiconque a recongneu le bien
Qui loge au Ciel, n'estime rien
Le monde qu'vne prison vaine

Si pour eschapper vne fois,
Dune maladie importune,
Lon n'estoit plus subiet aux lois,
Ny de la mort, ny de fortune,
Lon sentiroit quelque plaisir
Mais il fault a la fin mourir,
Cest vne contrainte commune.

Il faut que l'homme tost ou tard,

Vienne touiours a ce passage,
Ce nest poinct par certain hazard,
Cest par lordinaire partage.
Qui est ordonné de lahault.
Qui peut bien mourir comme il fault
Faict heureusement son voiage.

SONNET.

Lon blasme sans subiet le desir de l'honneur,
Car ce desir n'est point que dans vne belle ame,
La vertu de soimesme a la gloire semflame.
Comme au pris merité de son parfaict bonheur,

Ce desir fit dõner dune masle vigueur,
Sur le gouffre des eaux, le premier coup de rame,
Lon posé aubout du champ le Laurier, & la Palme,
Pour Couronner d'honeur la vertu du vainqueur

Lon dict que la vertu de soi mesme est contente,
Mais elle sentretient de ceste belle attente.
Qui nous faict remarquer nostre immortallité

Car les cœurs vertueux sont poussés d'vne enuie,
De monstrer aux viuans vne honorable vie
Et laisser leur memoire a lapostetité

SVR LA NATIVITE DE N. S. IESVS CHRIST.

XXVII.

CE IOVR est bien heureux, Iour digne de memoire
Qui remplit tous les Cieux de louange, & de gloire
Et redonne a la terre vne eternelle paix,
La foy retourne au Monde heureusement suiuie,
Du repos assuré de leternelle vie,
Ou linfini bonheur demeure pour iamais.

Par la premiere erreur de limprudente mere
Nous estions acablés sous le ioug de misere,
Pour porter les rigueurs de la punition.
Mais la foy dune Vierge auiourd'huy nous deliure.
Et son obeissance heureuse nous faict viure,
Capables des douceurs de benediction.

Ce que nature en soy ne pouuoit pas comprendre,
Ce que nostre raison ne pouuoit pas entendre.
Ce que nostre Ame encor ne pouuoit pas sauoir,

Ce qui est par dessus les miracles estranges,
Ce qui faict estonner l'ordre mesme des Anges.
Tout grand, tout admirable, au iourdhui se faict voir.

Celuy seul que le Ciel de siecle en siecle honore,
Celuy seul que la terre en reuerance adore,
Celuy que toute chose aprouue pour auteur.
Contre lordre ordonné en lorde de nature,
Dun eternel lien faict que la creature.
Se reioinct par la grace, auec son Createur,

Celluy que les Bergers pauurement ont veu naistre,
Cest le filz bien aymé le filz de ce grand maistre,
Qui a formé de rien la Lune & le Soleil,
Qui a Cintre les Cieux en ceste forme ronde,
Qui a faict dunc lin dœil la terre, & lair, & londe,
Et qui peult tout deffaire encores dun Clin d'oeil.

Le grand œuure du monde, & tant d'autres merueilles
Que nous admirons tant, ne sont en rien pareilles
Aux mysteres sacreZ de sa natiuité:
Luy qui deuoit vanger iustement nostre offence,
Pour nous iustifier abbaisse sa puissance,
Et couure sa grandeur de nostre humanité.

Celuy qui est vray Dieu, vraye essance immortelle,
Est né homme mortel, vray fil d'vne pucelle,
Qui ne sent poinct de peine en son enfantement,
Mais qui plaine de foy, & de ioye saisie,
A donné gloire à Dieu d'auoir esté choisie,

Pour porter le suiect de nostre sauuement.

Qu'extreme fut lamour de la puissance haute,
Qui au lieu de punir par rigueur nostre faute,
Lui mesme nous rachepte, & se donne pour pris,
Quextreme fut la foy de la vierge tressage,
Qui croyant sans doubter au Celeste message.
Fut mere de son pere, & fille de son filz.

SONNET.

SOVBZ le bourbeux limon de londe espoisse & noire,
Des gouffres infernaux ou demeure l'oubly,
Iette tous nos pechez & dun triple reply
Abisme ô seigneur Dieu pour iamais la memoire.

Tu és le Dieu vengeur, mais tu ne fais pas gloire,
D'exterminer vn peuple en son mal affoibli,
Fay plutost qu'vn pardon doucement estably,
Represente a nos yeux ta puissance notoire.

Pardonne donc seigneur a ce peuple estonné,
Cest luy pour qui iadis ton cher filz s'est donné,
Destourne pour iamais son peché de ta face,

Le iuge doit punir par rigueur les meschans,
Mais le pere plus doux chastie ses enffans,
Puis oubliant leur faute, il les remet en grace.

SONNET.

SONNET.

E m'abandonne point Seigneur qui m'as formé,
Que la douce faueur d'vne aßistance sainte
Donne force à ma vie, à la mort jà contrainte
Par le cours de ce monde, où ie suis enfermé.

Comme vn ardant flambeau sans sujet allumé
Rend la cire fondue, & sa lumiere esteinte:
Ainsi mon triste cœur, qui n'a bien que par feinte,
Se fond dans son feu mesme, & se voit consumé.

Emporté des ardeurs de mon âge trop folle
I'ay faict couler mes iours, comme la cire molle
Qui s'escoule & se perd par la force du chault:

Mais tu es le secours à mon malheur propice
R'allume mon esprit pour luire à ton seruice,
Bien-heureux est celuy qui te sert comme il fault.

QVATRAIN 12.

LA Nature en son ordre est par tout mesuree,
Toute chose en son poinct se porte égallement,
Toute substance dure en son propre element,
Mais vn peuple sans chef n'est de longue duree.

SONNET.

Et omnia vanitas.

Ve faites vous mortels qui à perte d'haleine
Suyuez le vain obiect du monde deceuant?
Les enfans vont ainsi vainement poursuyuant
L'inconstant papillon qui les fuit par la plaine.

Quand vous serez au bout de la course mondaine
Regardez vos grands faicts vous trouuerez du vent,
Le regret vous demeure & le mal bien souuent
D'auoir trop poursuyui vne esperance vaine.

Voyez de tant de Rois les fureurs animees
Qui fondoyēt leurs grādeurs sur leurs grādes armees,
Tout cela n'a qu'vn cours du moment limité:

Leur memoire se perd comme vn bruit de tonnerre,
Car les plus grands d'icy ne sont que vers de terre,
Et tout le monde en fin n'est rien que VANITE'.

QVATRAIN 13.

P*Rinces qui le deuez choisissez vn bon Iuge*
Qui soit sans mains, sans yeux, & sans affection:
Car s'il est corruptible & plein de passion,
Vos subiects offencez n'auront point de refuge.

STANCES
Pour le iour de la S. Loys, à Rome.
XL.

SPRIT Royal & sainct, qui as d'vn grand courage
Planté tes fleurs de Lys dessus le gras riuage
Du grand fleuue d'Egypte, & qui as par deux fois
Remis l'honneur de Dieu dedans la Palestine,
Voy ta France qui tombe & qui court à sa ruine.
Sans le secours du Ciel se perd le Lys François.

Lors que dedans ta main tu portois indomtable
Ce sceptre florissant, ta grandeur pitoyable
Portoit par charité le secours en tous lieux,
Maintenant au besoing d'vne priere sainte
Fauorise ton peuple, & presente sa plainte:
» L'ardente charité redouble dans les Cieux.

Prie ceste bonté qui a fait que ta vie
Fut si heureusement de victoire suyuie,
D'assister les desseins de mon Roy tres-chrestien:
Fay qu'il suyue tes pas, & que tousiours fleurõne
La foy de ses majeurs sur sa double Couronne
» Le Prince qui craint Dieu prospere tousiours bien.

Tourne, tourne ton œil sur tes belles prouinces,
Voy jà de tous costez les trouppes de nos Princes,
Et d'ordre & de grand cœur s'aduancer peu à peu
Pour battre l'ennemy & sa force importune,
Et luy faire changer l'estat de sa fortune:
» Dieu se sert de la verge, & puis la iette au feu.

Voy ce vaillant HENRY, seul honneur de ta race
Qui luy mesme suant sous la forte cuyrace,
Fait à ses ennemis sa valeur ressentir:
Voy comme resolu en sa haute entreprise
Il fait voir brauement l'effect de sa deuise,
» Mais d'vn pere si bon le sang ne peut mentir.

Il est tõ petit fils, il est tout plein de zelle,
Il a le mesme cœur de ce peuple fidelle,
Qui cherit tant la gloire, & aime tant son Roy:
Son conseil est François, son armee est Françoise,
Sa Noblesse l'assiste inuincible & courtoise,
Noblesse vnique en force, en courage, & en foy.

Si le bon-heur succede au poinct de l'esperance,
Nous verrons ce grand Roy, ayant purgé la France
Dresser ses fleurs de Lys encor droict au sainct lieu,
Et poussant outre mer sa glorieuse armee,
Il ira comme toy regaigner l'Idumee:
» Heureux qui peut seruir à la gloire de Dieu.

SONNET.

I'Ay dict cent & cent fois quand i'ay ietté la veuë
Sur les beaux escadrons de nos soldats armez,
Las! tant de braues cœurs à la guerre animez,
Ne sont qu'autant de vents pressez dans vne nuë.

La fureur que ie voy parmy l'armee esmeuë,
Se perd comme le feu des esclairs enflammez,
Et ceux qui par valeur sont les plus estimez,
Sont ceux desquels la vie est le plustost perduë.

Que toute la grandeur du monde est peu de chose,
Comme vne simple fleur nostre vie est esclose,
Nous menaçons la mort, & nous ne sommes rien,

Tant de mille soldats n'ont qu'vn souffle de vie,
Et lors que chacun pense establir mieux son bien,
C'est lors que l'esperance est plus soudain rauie.

QVATRAIN 14.

LOrs qu'on voit vn Estat où le vice domine,
Où l'on change de loy, de coustume, & de mœurs,
Où les plus ignorans sont aux plus grans honneurs,
Lon a bien du subiect de douter de sa ruyne.

SONNET.

SVR les premieres fleurs de la saison naissante,
Les petits oisillons par nouuelle douceur
Vont rechantant le los de ta saincte grandeur,
Roulans en mille tons leur musique innocente.

Il est bien raisonnable en ce mois que tout chante
Les diuines bontez de ta douce grandeur,
Le gracieux Printemps se faict par toy Seigneur,
Et par toy seul aussi toute chose est contente.

Mais ta gloire n'est pas seulement entendue
Sous l'espace où le Ciel tient sa voûte tendue,
Plus outre se conduit ton eternel renom;

Car par dessus le rond du cercle des estoilles,
Et par dessus les Cieux, les ames plus fidelles
Rechantent, sans cesser, la grandeur de ton Nom.

QVATRAIN 15.

SOuuienne toy d'estre homme, & lors si tu es sage
Recerche en la Vertu quelque asseuré secours,
Car la mort d'heure en heure entreprend sur tes iours,
Et te fera passer par le commun passage.

SONNET.

PRECIPICE d'erreur seule peste du monde,
Importune, incertaine, & folle volupté
Qui par mille malheurs charme la volonté,
Abismant la Raison dans vne mer profonde.

Tu fais flotter l'humeur d'vne ame vagabonde,
Ores iusqu'aux enfers, or' dans le Ciel voûté,
Comme vn foible vaisseau sans cesse tourmenté
A la mercy des vents, de l'orage, & de l'onde.

Celuy qui sans conseil suit ta douceur couuerte
Se perd en se iouant sans cognoistre sa perte,
Il regarde sans voir, il touche sans sentir:

Il se laisse emporter d'vne agreable force,
Et au lieu de gouster la douceur de l'amorce,
Il hume le poison d'vn triste repentir.

QVATRAIN 16.

NOs plaisirs vont coulant comme neige fonduë
Qui se perd sous l'ardeur des premieres chaleurs,
Et ne nous laisse rien que les tristes douleurs
D'auoir nostre ieunesse en vanitez perduë.

MEDITATION 10. du Psal. 141.

LA GLOIRE de mon Dieu soit par tout estimee,
Car c'est luy qui m'apprend les ruses du combat,
C'est luy qui me conserue & conduit mon armee,
Et qui dessous ma main mes ennemis abbat.

C'est mon port, mon azille & ma seule asseurance,
C'est luy seul qui me guide, & qui dresse mon cours,
C'est luy seul qui me garde, il est mon esperance,
Le salut de mon peuple, & l'honneur de mes iours.

Seigneur qu'est-ce de l'homme, & qu'est-ce qu'il merite
Pour abbaisser ta grace à luy vouloir du bien?
Quel plaisir peux tu prendre en chose si petite,
Qui n'est deuant tes yeux que le moment d'vn rien?

L'hõme n'est que du vẽt qui court sous la nuict sombre,
Qui tout soudain s'esleue & se pert tout soudain:
Sa vie en fin se passe ainsi que passe vn ombre
Qui est, & qui n'est pas en moins d'vn tournemain.

Ouure les Cieux, Seigneur, & regarde la terre

D'vn œil flambant de gloire & de commandemens,
Lance contre les monts ton foudroyant tonnerre,
Tu les feras crouller iusques aux fondemens.

Enuoye tes esclairs ardans de milles flammes
Coup dessus coup pousses contre ces orgueilleux,
Et lon verra soudain qu'ils ietteront les armes
Et trembleront au bruit de tes faictz merueilleux.

Ta main vienne d'enhaut me tirer de l'orage
Des vents impetueux qui me battent en flanc,
Et de tant d'ennemis qui cerchent le carnage,
Qui sont nourris d'audace & s'abbreuent de sang.

Leur impudente bouche est vn abisme extreme
Tout rempli de mensonge & de desloyauté,
Qui ne s'ouure iamais sans vomir vn blaspheme,
Et leur main ne leur sert que pour la cruauté.

Par les differents tons d'vne chanson nouuelle
Sur mon luth à dix rangs pincé de mille accors
Ie chanteray, Seigneur, ta louange immortelle,
Tu es le Dieu des Dieux, & le FORT des plus fors.

Toy qui as soing des Roys qui d'vne main puissante
Maintiens pour leur grandeur les sceptres florissans:
Qui as sauué Dauid de la dent rauissante,
Sauue moy Seigneur Dieu, du glaiue des meschans.

Garde moy de la main du cruel aduersaire,

Filz aisné de malice & de perdition,
Qui de son naturel n'a plaisir qu'à mal faire
Ayant le mal pour but de son ambition.

Il produict des Enfans engeance de vipéres,
Qui n'ont en leur discours que pure vanité,
Qui ont la main au sang plus prompte que leurs peres
Et font gloire du meurtre & de l'iniquité.

Les Enfans engendrez de si mauuaise race,
Croissent beaux toutefois, & s'esleuent ainsi
Que ieunes arbrisseaux plantez en mesme espace,
Et dressez par saisons d'vn curieux souci.

Leurs filles qui ont pris les folles pour exemples,
Recerchent à l'enuy milles diuersitez,
Et se parent ainsi que lon pare les temples,
Au plus celebre iour de leurs solemnitez.

Leurs cheueux sont crespez par subtille industrie,
Leur visage est chargé de ceruse & de fard,
Leur col est descouuert garni de pierrerie,
Leur marcher est superbe, & lascif leur regard.

Au temps de la moisson leurs spacieuses granges,
Sont remplies de tas, de gerbes & de grains:
Leurs pressoirs nuict & iour regorgent en vendãges,
Leur caue est biẽ fournie, & leurs greniers biẽ plains

Leurs troupeaux de brebis parmi les beaux herbages,

D'vn reuenu fecond redoublent tous les ans,
Leur vaches tous les ſoirs abondent en laittages,
Et leurs Bœufz bien nourris ſont trop gras en tout
temps.

Ny dedans leurs faubourgs, ni meſmes dans leurs villes
On ne voit rien qui nuiſe, on n'entend point de bruict
Le ſilence eſt par tout, leurs places ſont tranquilles,
Rien ne peut empeſcher le repos de la nuict.

Ceux qui voient ce peuple auec telle abondance,
De troupeaux, de threſors, de repos doucereux,
Qui nage dans ſon aiſe en plaiſirs & en dance,
Sans regarder la fin l'eſtiment bien heureux.

Mais le peuple eſt heureux ſur les peuples du monde
Et rien ne peut troubler l'eſtat de ſon bon heur,
Qui ſur la ferme foy ſon eſperance fonde,
Qui la prend pour ſa guide, & Dieu pour Seigneur.

QVATRAIN 17.

LE Iuge corrompu ne peut faire iuſtice,
Qui ne ſçait pas la loy, qui n'entend la raiſon,
Qui des ruynes d'autruy veut baſtir ſa maiſon,
Et donne le pardon, où il faut le ſupplice.

SONNET.

V'ESPEREZ-vous mondains à lors que ce grand Iuge.
Viendra dessus son throsne en pleine Majesté,
Et lors que ce grand feu deçà, delà ietté
Destruira tout le monde. en son ardant deluge?

Pourrez-vous soustenir vostre erreur qui vous iuge,
Pourrez-vous vous defendre à ce iour arresté,
Et cognoissant ainsi tant de mal apresté,
Où aurez-vous recours pour treuuer du refuge?

L'alliance du monde à l'heure sera vaine,
Les Princes & les Rois seront en mesme peine,
Voyans de tous costez tant de viues ardeurs:

Tout sera plein de feux, de brasiers & de flames,
Hé! que deuiendrez-vous? ô miserables ames
Qui n'apprehendez point ces eternels malheurs!

QVATRAIN 18.

SI l'homme en ses desirs n'a la Raison pour guide,
Pour retenir le cours des plaisirs deceuans,
Il flotte dessus l'onde à la mercy des vens,
Et court à son malheur comme vn cheual sans bride.

MEDITATION 61.

Qui Regis Israel.

EIGNEVR qui as choisi entre toute l'eslite
Des peuples d'icybas, le peuple Israëlite:
Toy qui l'as gouuerné sous tes diuines loix,
Escoute à son besoin sa suppliante voix.

Comme vn prudent Berger conduit à la pasture
Son troupeau camuset sur la belle verdure
Des vallons ombrageux, où les petits ruisseaux
Font couller murmurans leurs aggreables eaux,
Sous la douce faueur de ta diuine grace
Tu as conduit Seigneur, & Ioseph & sa race.

Dessus les Cherubins, par dessus tous les Cieux
Où ne peut penetrer la force de nos yeux,
Ayant dessous tes pieds les cercles ordinaires
Qui portent, tournoyans, tant de grands luminaires:
Tu as posé ton throsne, enuironné tousiours
D'espritz tous disposez à nous donner secours:

Monstre toy donc Seigneur fay clairemẽt paroistre
Que tu es le grand Dieu, que lon doit recognoistre:
Fay que deuant les yeux des enfans d'Ephrayn,

Deuant les pauillons du prudent Benjamin,
Et parmy les troupeaux de Manaßé encore
Lon iuge que c'est toy qu'il faut que lon adore ;
Descouure nous ta face, & maintenant fay voir
Les effectz merueilleux de ton diuin pouuoir.
Iusques à quand Seigneur reiettras-tu arriere
De ton peuple affligé la dolente priere?
N'auons nous point souffert? n'auons nous pas assez
Sur nos premiers malheurs de malheurs amassez?
Nous mangeons nostre pain aux effroits des alarmes,
Nous trempons en beuuant nostre vin de nos larmes,
Nos voisins animez d'insolente fureur,
Cruelz nous font la guerre & nous troublēt d'horreur
Mais tourne à nous Seigneur mōstre nous ta puissance,
Nous n'esperons secours qu'en ta seule deffence,
Le fauorable traict d'vn rayon de ton œil
Nous peut sortir de peine & chasser nostre dueil.
Du fertille terroir de l'Egipte vineuse
Tu as tiré iadis ta vigne fructueuse,
Et pour la transplanter tu as choisi les champs
Des riches Philistins & des Cananeans.
Aux yeux des ennemis qui en creuoient de rage
Tu as esté le Chef de cest heureux voyage:
Tu as planté le Cep qui de ses pampres vers
Ombrage maintenant tout ce grand uniuers,
Coulant diuersement sa feconde racine
Iusques au premier poinct de la couche Aurorine,
Et iusqu'au dernier but du grand cours de Phœbus,
Porte d'un bel accord ses prouuins estendus.

Les Cedres du Liban & les Cipres sans nombre
Des grand montz de Galad sont cachez de son ombre.
Pourquoy permets-tu donc au fort de la saison
Que lon rompe, Seigneur, son ancienne cloison?
Que l'estranger passant impudemment s'essaye
De vendanger par tout, ne trouuant plus de haye
Et que les grands sangliers de tous les bois voisins
Y rauagent, goulux, les Cepz & les Raisins?
Retourne donc Seigneur ta pitoyable veuë,
Et regarde du Ciel ceste plante cogneuë,
Empesche les malheurs qui luy sont apprestez
Et conserue les Cepz que tu y as plantez.
Regarde d'vn bel œil ce tien peuple qui t'aime
Que tu as seul aymé & seul faict pour toy mesme,
Qui seul aussi t'adore, & qui seul au milieu
De ses afflictions, ne reclame autre Dieu.
R'appelle ta fureur & du feu de ton foudre
Brusle nos ennemis, & les reduis en poudre,
Que la terre s'entrouure & les puisse englouttir
Aux gouffres tenebreux pour iamais n'en sortir.
Si le moindre desdain de ta face seuere
Iette dessus leur front vn traict de ta colere
Ilz periront soudain sans souffrir ton courrous.
Mais si ta grace aussi s'aduance dessus nous,
Nous viurons bien heureux en parfaicte franchise
Au pacifique sein de ta constante Eglise,
Et les fils de nos fils suiuis de ce bon heur
Chanteront sans cesser ta gloire & ton honneur.

SONNET.

OURNEZ & retournez sinistres destinees
Vous ne gouuernez point les choses d'ici bas,
Vostre pouuoir ne peut les aduancer d'vn pas.
Car vn pouuoir plus haut les a determinees.

C'est celuy qui reçoit les ames fortunees
Dans l'eternel sejour par la loy du trespas,
A qui vous ne seruez que d'vn simple compas
Pour marquer seulement les iours ou les annees.

C'est l'esprit tout puissant qui ordonne & mesure,
Au poinct de son vouloir les bornes de nostre heure,
Seul autheur de la vie & maistre de la mort.

Tout nostre bien prouient de sa main liberale
Non pas du foible aspect d'vne force fatale
Celuy qui fit les Cieux est par dessus le sort.

QVATRAIN 19.

SI tu vois rechanger ta fortune prospere,
Ne change tes humeurs en vn fascheux regret,
Songe que tu es homme & par ce grand secret,
Tu congnoistras que l'homme est suject à misere.

SONNET.

Benedicite omnes bestiæ. &c.

EFFROIABLES Lions qui sous la voûte obscure,
Des rochers cauerneux aux desers habitez,
Donnez gloire au Seigneur à lors que vous sortez
Pour aller toute nuict quester vostre pasture.

Vous plus doux animaux, qui brouttez la verdure,
Sans apporter l'effroy aux lieux que vous hantez,
Donnez gloire au Seigneur, de toutes ses bontez
Car c'est luy qui a soing de vostre nourriture.

Et vous petits oyseaux qui sous le frais ombrage
Des arbres printanniers recouuers de fueillage
Variez tant d'accordz d'vn gosier emplumé,

Chantez le nom de Dieu, dés l'heure que l'aurore
Dessus nostre Horison le poinct du iour colore
Iusqu'à ce que la nuict le retienne enfermé.

QVATRAIN 20.

LEs humaines grandeurs sont comme vne rosee
Qui se pert en vne heure au leuer du Soleil,
Ou comme vn ombre vain qui s'oublie au réueil,
Ou comme vne chimere aux nuës composee.

SONNET.

'ESTOIT assez Seigneur de voir les Cieux ouuers
Pour me faire admirer ta grandeur admirable,
Et de voir sous mes pieds la terre emerueillable
Produire tant de biens par tout cest vniuers.

I'ay encor dans moy mesme en tant de lieux couuers
Tāt de traicts d'vn chef-d'œuure en tout inimitable
I'y voy vn petit monde au grand monde semblable
Par les doux mouuements de cent secrets diuers.

Mais c'est peu que le corps pour voir nostre nature
L'ame est l'œuure parfaict de cette grand facture
Le corps n'est que de terre asserui au trespas.

L'ame est toute de feu, immortelle & celeste,
Le corps par sa nature en la terre s'arreste
L'ame pour estre au Ciel veut sortir d'icy bas.

QVATRAIN 21.

FOrcer de ses desirs, la force dangereuse
Retenir la colere, aux termes du deuoir,
Vser de la Iustice, & non pas du pouuoir,
Ce sont les beaux effects, d'vne Ame genereuse.

MEDITATION 32.

ESTANT AFFLIGE' D'VN MAL D'OREILLE.

ME VOICY prest Seigneur mon esprit se reueille,
Ie sens bien que ta main me tire par l'oreille.
Pour me faire tourner où m'appelle ta voix:
C'est vn traict de faueur de ta bonté supreme
Ie sens mon cœur touché, ha! Seigneur c'est toi-mesme
Qui veut en m'esueillant m'aduertir de tes loix.

Ie me perdois errant d'vne humeur vagabonde
Sur les dangereux flotz de la mer de ce monde,
Sans quadrã, sãs pilotte, & sans phare, et sans but,
Mais ta bonté me monstre où l'orage me pousse
Et sur le poinct du bris me redressant à lourse
Elle me vient conduire au vray port de salut.

Ie cognois maintenant l'erreur que i'ay suiuie,
Ie quitte sans regret & le monde & la vie,

Resolu sur ta grace, asseuré sur ma foy:
Plus mon corps s'affoiblit, plus mon esprit s'appreste
De regaigner là haut sa demeure celeste,
Et rompant sa prison s'en revoller à toy.

Comme vn braue coursier au bout de la carriere
Attend, impatient, qu'on ouure la barriere,
Desireux d'emporter & la gloire & le pris:
Tout ainsi mon esprit, impatient qu'il sorte
Attend que de mes yeux la lumiere soit morte,
Pour iouïr du bon heur des glorieux espris.

L'oysillon enfermé volletant par sa cage
Recerche sans repos quelque petit passage
Pour deliurer s'il peut sa chere liberté,
Mon esprit resserré dans sa cage ordinaire,
Comme en vne prison commence à se desplaire
Et veut quitter l'obscur pour gaigner la clarté.

Que sert de regretter vne viue ieunesse
Mais que sert-il de viure vne longue vielleſſe,
Aussi bien à la fin faut il passer ce pas?
He que craignons nous donc? si l'ame est asseuree
Qu'elle est apres la mort dans le Ciel bien heuree?
Elle doit sauter d'aize à l'heure du trespas.

Le forçat deliuré de sa dure misere
N'abandonne à regret ses fers, ni sa galere,
Il iette là sa rame & ioyeux saulte au port.
Nous ne deuons aussi de la mort auoir crainte

Nous quittons les malheurs où la vie est contrainte
Et libres nous montons dans le Ciel par la mort.

Approche ô douce mort, c'est trop rampé sur terre,
Où l'ennemi du Ciel nous faict tousiours la guerre
Mon esprit pour sortir n'attend plus que le temps,
Bien heureuse sortie à iamais fortunee,
Ha! mais Seigneur, tu as mon heure terminee,
Et tu sçais iour pour iour le nombre de mes ans.

Il faut attendre donc. Comme la sentinelle,
N'abandonne son lieu si lon ne la r'appelle,
I'attendray tout ainsi ta saincte volonté:
Tousiours ferme en sa foy mon esprit se dispose
D'obeir à ta voix, & n'espere autre chose
Que l'effect resolu de ta saincte bonté.

QVATRAIN 22.

AV plus beau de l'Esté, l'imprudente Cigalle
S'amuse paresseuse, à chanter par les champs
Mais le sage fourmis, qui préuoit mieux le temps
Tout le long de l'Esté pour son hyuer trauaille.

QVATRAIN 23.

SI ton esprit poussé, de quelque belle pointe
Veut former le dessein de quelque grand sujeét
Fay que Dieu soit le but, de ce premier projeét,
Il benira toute œuure où sa gloire est conjointe.

SONNET.

E MILLE vanitez l'homme ici se martire
Et comme vn simple enfant ne sçait ce qui luy fault,
Du chault il veut le froid, du froid il veut le chault,
Suiuant la paßion où son humeur aspire.

Helas! il ne peut voir que tout ce qu'il desire,
Si tost qu'il le possede außi tost luy defaut.
Il s'arreste icy bas, & ne voit que là haut,
Sont les biens eternelz où son deuoir le tire.

Triste condition de ceste vie humaine,
Qui laisse le certain pour la chose incertaine,
Il faut passer la vie en pensant à la mort,

Ainsi qu'vn passager qui parmi les barbares
Cerche de mer en mer les choses les plus rares,
Mais tousiours en desir de tourner à son port.

QVATRAIN 24.

AInsi que sans clarté, ne peut estre la flame,
L'homme ne peut pas estre, icy bas sans amy,
Viure sans amitié, n'est viure qu'à demy
Vn homme sans amy, ce n'est qu'vn corps sans ame.

SONNET.

MISERABLES humains n'aurez vous iamais cesse,
De recercher ainsi ce que vous recerchez
Ne serez vous iamais quelque iour estanchez.
De l'importune soif qui auare vous presse?

Dans le centre du monde où la nuict plus espoisse
Le silence & l'horreur doiuent estre couchez,
Vous fouillez, malheureux, les thresors plus cachez
Pour faire vostre Dieu d'vne vaine richesse.

Sortez hors de la mine & de ces sombres lieux,
Leuez vn peu la veuë & regardez les Cieux,
Voyez les raïons d'or du Soleil de Iustice.

C'est là que sont gardez les precieux thresors
Et non pas sous la terre au Royaume des mors
Où vous estes tous vifs enterrez d'auarice.

QVATRAIN 25.

COmme vn Prince en sa terre, vn Chef en sõ armee
Vn Iuge en son ressort, vn Maistre en sa maison
Ainsi doit commander la maistresse Raison
[S]ur tous les mouuemens d'vne ame bien formee.

MEDITATION 17.

ALORS que ie me mire en nostre
mal extreme,
Que ie me tire à part & que i'entre
à moymesme
Fueillettant par estat nostre condi-
tion,
Ie voy Seigneur, ie voy nostre perte euidente,
Et comme en vn miroir qui me le represente
Ie voy dedans mes yeux nostre perdition.

Ie ne voy cause en nous, qui ne soit seule cause
D'irriter ta iustice & qui ne nous dispose
Au tourment eternel de long temps merité:
Tu es tout bon Seigneur, tout sainct, tout veritable,
Et l'homme est tout mauuais, rebelle & variable,
Plein d'humeur corrompue & d'infidelité:

Tu luy auois donné pour sa guide asseuree
Alors qu'il vint au iour, la Raison mesuree
La pieté deuote, & la constante foy:
L'vne pour le dresser en l'espoir qu'il doit croire,
L'autre pour le conduire à celebrer ta gloire,
Et l'autre pour monstrer les biens qui sont en toy:

Mais

Mais ſuiuant ſes deſirs qui vont à l'aduenture
Il ſe laiſſe emporter au gré de la nature,
Qui plus haſte ſa ruine & plus haſte ſon cours:
Comme vn ieune poullain qui ſecoüant la bride
Se iette à corps perdu où ſa courſe le guide,
Et termine en meſme heure & ſa courſe & ſes iours.

Außi dans noſtre mal l'erreur nous precipite
Et noſtre ame ſeroit au dernier poinct reduite
Si ta ſaincte bonté ne luy donnoit confort,
Mais elle tient encor la celeſte eſtincelle
Qui bruſle du deſir de la vie eternelle,
Tout ce qui vient du Ciel eſt touſiours le plus fort.

Ta ſaincte grace, ô Dieu, tutrice de ceſte Ame,
L'eſchauffe au doux eſclair de ceſte belle flame
Qui luit dans les ſentiers de l'eternel guerdon
Ceſte clarté nous monſtre à diſcerner le vice,
Tes ſaincts Commandemens à craindre ta iuſtice,
Et ta miſericorde à l'eſpoir de pardon.

C'eſt par ces doux moyens que nous ſommes capables
De comprendre en effect tes grandeurs admirables,
Et que nous cognoiſſons les œuures de tes mains:
Seigneur, ſi i'ay ta grace en ta grace cogneuë
Que mon Ame y puiſſe eſtre à iamais maintenuë,
Car ſans ta grace, ô Dieu, ce n'eſt rien des humains.

SONNET.

VARES importunez qui viueZ sans plaisir
Dequoy vous peut seruir vostre sotte auarice ?
Miserables mortels plains de crasse & de vice,
Vous aueZ pour bourreau vostre propre desir:

Vous viuez pauurement, vous n'aueZ pas loisir
De penser que vos iours n'est qu'vn ombre qui glisce
Vous cercheZ vostre mal, & formez le supplice
Le plus cruel pour vous que lon pourroit choisir.

Vous amassez des biens, que sert ceste richesse?
Vous n'oseZ en vser, & jà vostre vieillesse,
Est au bort de sa fosse: hé! ne sçaueZ vous pas

Que nous n'emportons rien à nostre departie,
Ayez la repentance au moins du sot Mydas,
Ou vous le sentirez trop tard à la sortie.

QVATRAIN 26.

SCauoir tous les secretZ de la premiere escolle
Entendre Pytagore, & Socrate & Platon
Cela ne fit iamais, si Grand le grand Caton
C'est qu'il auoit l'effect, plus grand que la parolle.

MEDITATION 19.

LAVDATE DOMINVM IN SANCTIS EIVS.

ESPRITS qui par effect voulez faire congnoistre
Quelques trais apparans de vostre premier estre,
Entrez dedans ce Temple, arrestez en ce lieu.
Si l'image du Ciel en vous n'est effacee
Si vous auez encor quelque belle pensee,
A ces iours solemnels pensez à louer Dieu.

Si vous croyez le vray de la saincte parolle,
Disposez vos desirs comme la cire molle,
Capables du cachet de la deuotion:
Que vostre cœur soit net, que vostre ame soit (sainte,
Et receuant la foy pour eternelle emprainte
Benissez tous l'autheur de benediction.

Ne vous dedaignez point des louanges publiques
Chantez à plaine voix milles diuers cantiques
Vous qui aimez l'honneur de la diuinité,

Formez auec les saincts vne douce armonie.
Car des saincts bien heureux la musique infinie,
Louange l'eternel en toute eternité.

Voyez le Ciel si beau, & si riche, & si ample,
C'est le voille azuré de la voûte du Temple
Qu'a basty ce grand Iuge, admirable en ses faitz,
Iugez aux feux si clairs des brillantes estoilles
Que leurs flãmes là haut sont des flãmes tres-belles
Puisque nous les iugeons des flambeaux si parfaitz.

Dieu a tout faict pour l'homme il a mis sur la terre
Tant de riches secrets qu'elle ferme & reserre
Dans les rocs, dãs les mers, dãs les bois, dãs les fleurs,
Voyez que de beautez, que d'effetz admirables,
Que d'abondans thresors, que de biens profitables,
Et que d'occasions de chanter ses grandeurs.

Chantez donc les vertus de sa force diuine,
Selon ce grand pouuoir qui tout puissant domine
Sur le Ciel, sur la terre, & sur l'air & les eaux,
Qui peut tout, qui voit tout, qui comprend toute chose,
Qui d'vn ordre asseuré tous les ordres compose
Sans changer ses desseins sur des desseins nouueaux.

Chantez deuant son Throsne en solemnelle pompe,
Embouchez hautement le Clairon & la Trompe,
Haussez la Cornemuse à l'esgal du Haut-bois,
Les cloches çà & là viuement esbranlees

D'vn son loing penetrant remplissent les vallees
En redoublant l'Echo des rochers & des bois.

Mariez tous les ieux des plaisantes Regalles (les,
Aux Fluttes, aux Cornets, aux Trõbõs, aux Pedal-
Pour chanter sa loüange en tons remplis & fors:
Les cimballes d'airain aigrement esclattantes
Et les rangs mi-partis des sonnettes grillantes,
Donneront de la grace au bruit de tant d'accords.

La Violle & la Harpe, & la prompte Espinette,
Soit accordee au luth qui d'vne corde nette
Douce-ferme-argentine en diuers mouuemens,
De fredons en fredons, de passage en passage
Et d'accords recerchez emporte l'aduantage,
Des tons mieux consertez de tous les instrumens.

Le cœur bien composé de voix bien entonnées
Donnant l'ame aux versets des loüanges sonnées
Responde tour à tour aux instrumens diuers:
Tout soit rempli de sons & de resiouissance
Et tout esprit touché de quelque cognoissance
Donne gloire à l'autheur de ce grand Vniuers.

QVATRAIN 27.

REmarque bien le but où le Ciel t'a faict naistre,
Et l'humeur qui regit ton inclination:
Puis l'ayant bien choisi, poursuy ton action,
L'exercice à la fin te fera rendre maistre.

SONNET.

CVRIEVX, qui cerchez entre mille retours,
Le mouuement du Ciel, la force d'vne augure,
La rencontre d'vn vers, l'obiect d'vne figure,
Pour voir sur ces erreurs le futur de vos iours.

Tout ce que vous iugez aduient tout au rebours,
Cela ne peut marquer vostre bonne aduenture,
Il faut la recercher dans la saincte escriture,
Veritable, certaine, & prompte à ce secours.

Sans figure & sans art vous y pourrez congnoistre
Quels vous estes desia, & quels vous pourrez estre,
Ce que l'homme doit suiure, & ce qu'il doit fuir:

Les meschans y liront leur derniere sentence,
Les esleuz y verront leur future excellence,
Et les biens eternels dont ils doiuent iouir.

QVATRAIN 28.

N'Entreprens rien de plus que ce que tu sçais faire,
Mesure toute chose au poinct de ton pouuoir
Celuy qui entreprend par dessus le deuoir,
Fait paroistre les traicts d'vn esprit temeraire.

SONNET.

VE sert ce grand orgueil, ceste brauade viue,
Ces motz aduantageux tous remplis de fureur?
Ie voy l'homme si foible & si prompt à la peur
Qu'il n'ose habiter seul, tant son ame est craintiue:

Il menace le Ciel, & souuent il arriue
Qu'estant seul sans secours il est tout en frayeur,
L'ombre d'vn arbrisseau luy fait glacer le cœur,
Et craint au moindre bruit qu'vn fantosme le suiue.

Le Lion plus hardy & plus franc de courage,
Va seul par les deserts cercher son aduantage,
Le Sanglier va tout seul, l'Ours peut seul demeurer,

Le petit Escureuil luy seul fait sa cachette,
Les animaux sans peur ont chacun leur retraitte,
L'homme seul trop craintif ne peut seul s'asseurer.

QVATRAIN 29.

TRop credules humains qui faites le voyage
Sur le flottant espoir de Fortune & du Sort,
Pensez combien de fois auant que d'estre au port,
Vostre foible vaisseau est battu de l'orage.

SONNET.

AGE & ſainte Raiſon qui nous fais recongnoiſtre
Par le conſtant meſpris de noſtre humanité,
Les viuantes beautez de l'immortalité,
Et combien noſtre eſprit ſe doit plaire en ſon eſtre.

Tu fais voir qu'auſsi toſt qu'vn corps cōmēce à naiſtre,
Il monſtre les effetZ de ſa fragilité,
Il prend vie en plorant, il voit ſa nudité,
Et craint tant plus ſa fin que ſa vie il voit croiſtre:

Mais l'eſprit plus heureux qui n'eſt né que pour viure
Dans l'immortel ſejour des vertus qu'il doit ſuiure,
Se plaiſt en ſa naiſſance & ne craint point ſa fin:

Si toſt qu'il a ſa forme et ſa grandeur compriſe,
Auſsi toſt les grandeurs de la terre il meſpriſe,
Et ne craint plus la mort, le monde, ou le deſtin.

QVATRAIN 30.

SI noſtre ame en repos dedans le Ciel rauie,
Nous faiſoit voir l'honneur de noſtre eternité,
Las! que treuuerions nous que de la vanité,
En ce petit moment que nous auons de vie?

MEDITATION 35.

IE CHANTERAY, SEIGNEVR, *tes grandeurs, & ta gloire,*
Tant que le cours des ans, gardera de memoire,
Tant que le iour naiſtra du beau ſoleil qui luit,
Tant que l'ombre ſera compagne de la nuit,
Tant que la plaine Mer agitera ſon onde,
Et tant que dureront les eſtançons du monde,
Ie chanteray touſiours ſans ceſſe & ſans repos
La force de ton ſceptre & l'honneur de ton los:
Tu es tout grãd, Seigneur, tout ſaint, & tout loüable,
Ta puiſſante bonté n'eut iamais de ſemblable,
Tu es plus que le temps, le ſort, & le deſtin,
Car ton eternité ne peut auoir de fin.
Ceux qui premiers au monde ont receu leur naiſſãce,
Ont chanté de ton nom l'eternelle puiſſance,
Nous la chantons encore & ceux qui d'vn long cours
Tiendront de pere en filz la ſuitte de nos iours,
En admirant l'effect de tes hautes merueilles
Rechanteront auſsi tes œuures nompareilles,
Et par l'humble deuoir d'vn cœur obeiſſant,
Beniront les vertus de ton nom tout puiſſant.

D v

Ils trembleront, craintifs, au bruit grãd & terrible,
Du Tonnerre grondant, qui d'vn coup impoßible
Aux loix de la nature emporte les Clochers,
Iette les tours par terre, & roule les Rochers,
Mais ils s'asseureront en l'esgalle iustice
Qui balance en ta main la grace & le supplice,
Car sous le iuste pois esgallement porté
Chacun reçoit le traict comme il l'a merité.
Ta iustice, Seigneur, & ta misericorde
S'esgallent en tes faicts d'vne telle concorde,
Que comme iuste iuge, ou comme pere dous,
Le pouuoir de ta force est recogneu de tous:
Mais ta misericorde heureusement surpasse
L'effect de ta iustice, & ta benigne grace
D'vn gracieux pardon reçoit la volonté
Qui se sousmet, deuote, à ta douce bonté.
Les œuures que tu fais font assez recongnoistre,
Quelle immense grandeur en ta grandeur peut estre,
Tes esleus bien-heureux, vrais enfans du vray Dieu,
Vont chantant ta loüange & ta gloire en tout lieu,
Et leur vers mesuré d'vne iuste cadance
Faict admirer l'estat de ta magnificence,
Estat qui passe autant le Royal appareil,
Que le grand œil du Ciel surpasse icy nostre œil,
Aupres duquel paroist l'apparance mondaine
Comme aupres d'vn haut Pin l'Espine d'vne plaine,
Comme au pres de la Mer vn vain petit ruisseau,
Qui n'a cours qu'en sa source, & perd soudain son eau.
Ton Royaume est Seigneur, sans borne & sans limite,

Et comme ton pouuoir d'vne iuste conduite
De siecle en siecle tourne, & dure infiniment,
Ton grand Royaume aussi dure eternellement.
Ta maiesté sans fin toute chose manie,
Ta loüange est sans fin, ta gloire est infinie,
Et la force du temps qui semble tout forcer,
N'est qu'vn vent deuant toy qui se perd au passer.
Le Seigneur est tres-iuste & sa sainte parole,
Fidelle & veritable, inconstante ne vole,
Et ne suit sans effect la nature du vent
Comme fait le discours de l'homme qui souuent,
Fondé dessus l'appuy de son humeur mouuante,
Perd lors de sa promesse & l'effect & l'attente.
La promesse diuine asseuree en ses faicts
Demeure inuiolable, & porte ses effects,
Sa iustice en tout lieu tousiours iuste se treuue,
C'est Dieu seul qui gouuerne, & luy seul qui releue
Les tristes affligez, & qui d'vn vray compas
Ordonne comme il faut les choses d'icy bas.
Tout ce grand Vniuers en sa bonté espere,
Chacun à l'œil sur luy, & luy comme vn bon pere
Qui nourrit ses enfans d'vn charitable soing,
Sçait despartir ses dons où il voit le besoing.
Il sçait prendre le temps, & de mesure esgalle
Ietter abondamment sa faueur liberalle,
Et du grand magazin de ses thresors ouuers
Contente esgallement tout ce grand Vniuers,
Tres-iuste est le Seigneur en tout ce qu'il dispose,
Tres-iuste est le Seigneur & sainct en toute chose,
Il est tout fauorable à ceux qui de bon cœur

Recerchent sa clemence, & seruent sa grandeur.
Ceux qui seruent à Dieu, ont pour leur sauuegarde
Son Sceptre tout puissant, qui en fin quoy qu'il tarde,
Ruynera les meschans, qui contre leur deuoir
N'ont rendu les honneurs à son diuin pouuoir:
Seigneur, soit que le iour ou se leue ou se couche,
I'auray tousiours ta gloire et tō NOM dans ma bouche.

QVATRAIN 31.

VZer de recompense, & d'vn œil debonnaire
Donner aux gens de bien le prix de leurs vertus,
C'est réueiller les cœurs de paresse abbatus,
Et donner à chacun le suject de bien faire.

QVATRAIN 32.

CE qui est difficile alors que l'on commence,
Se treuue trop aizé par le frequent labeur:
Celuy qui suit la peine est au sentier d'honneur,
Car iamais le labeur ne fust sans recompence.

QVATRAIN 33.

CE qui maintient le Ciel en sa force asseuree,
C'est qu'il tourne en mesme ordre et sur vn mesme
point,
Et si les loix d'Estat ne se corrompoyent point,
Les Royaumes seroyent d'aussi longue duree.

SONNET.

OVRQVOY *appuyez-vous vostre felicité*
Sur le fragile pois d'vne chose incertaine,
Auares malheureux, plus vostre bourse est pleine,
Plus vous estes battus de la necessité.

Pensez-vous achepter quelque immortalité
Par l'amas mal acquis d'vne richesse vaine?
Vous imitez l'aisné de ceste race humaine,
Qui bastit le premier la premiere cité.

Il estoit plein d'orgueil & tout plein d'auarice,
Et voulant faire à Dieu solemnel sacrifice,
Il fit offre du moindre & retint le plus beau.

Mais son frere plus sage, & de plus saincte attente,
N'esperant point icy de cité permanente,
Offrit sur son Autel le plus gras du troupeau.

QVATRAIN 34.

P*Our maintenir la paix il est bien necessaire*
De balancer la peine auec le prix d'honneur,
L'vn pour entretenir les hommes de valeur,
L'autre pour empescher les meschans de mal-faire.

SONNET.

Sur la ſource de la riuiere de Seine, en Bourgongne.

OY des fleuues François, que le grand
Amphitrite
Tient aux premiers honneurs de ſon moitte element,
Ie conſacre ces vers à ton commencement,
Admirant ta grandeur en ſource ſi petite.

Ie laiſſe icy mon Nom & ma deuiſe eſcrite
Deſſus ce dur Rocher pour durer longuement,
Promettant de chanter vn iour plus dignement
La force de ton cours, ta gloire, & ton merite.

I'admire la faueur de celuy qui domine
Sur les ordres diuers de ceſte grand machine,
Quand de ſi peu de ſource il tire vn ſi grand bien,

Mais ce n'eſt qu'vn effect de ſa main ordinaire,
Il peut d'vne parole à l'inſtant tout desfaire,
Comme d'vne parole il a tout faict de rien.

QVATRAIN 35.

NOus arreſtons les Vents, nous brauõs le Tõnerre,
Nous voulons dans les Cieux Iupiter menacer,
Et nous n'auons qu'vn corps plus ſuject à caſſer
Que le limon recuit d'vn ſimple pot de terre.

SONNET.

V'ESTIMEZ vous en court ce grand poinct du deuoir
Ce braue poinct d'honneur, vostre tout ce vous semble?
C'est le simple moment d'vne fueille qui tremble
Sous le plus foible vent qui la fait esmouuoir.

Quel renom glorieux esperez vous auoir
D'vn suiect inconstant où tout l'oubly s'assemble?
Vostre âge & vostre honneur à la rose ressemble,
Qui fleurit sur le iour, & flaistrit sur le soir.

L'honneur que vous cerchez d'eternelle memoire,
Se doit cercher en Dieu, seul gardien de la gloire,
L'homme n'a rien de bon s'il ne luy vient d'enhault:

Pour marque de son estre, il a la teste haute
Mais sans voir ce qu'il est, & sans iuger sa faute
En recerchant l'honneur, la gloire luy default.

QVATRAIN 36.

CHacun sçait recercher ce qui est necessaire
Pour conseruer sa vie ou nourrir ses plaisirs,
Mais peu d'hommes au monde occupent leurs desirs
A cercher, en viuant, le chemin de bien faire.

SONNET.

N CONTEMPLANT Seigneur, tes diuers iugemens
I'apprehende la fin de toute creature,
Lors que tu ruyneras la solide structure
De ce grand Vniuers iusques aux fondemens.

La terre tremblera, les cieux, les elemens
Troublez peruertiront l'ordre de leur nature,
Tous les morts sortiront hors de leur sepulture
Effraiez du fracatz de si grand mouuemens.

Au son tout-penetrant de la forte trompette,
Chacun verra soudain sa conscience ouuerte,
Ses pechez descouuertz, son mal, ou son bon heur:

Dans les gouffres d'enfer, plains de feux effroyables,
En leur hydeuse forme il faudra voir les diables:
O Dieu sauue mon Ame à ce iour plein d'horreur.

QVATRAIN 37.

L'On ne doit point auoir de creance asseuree
Sur ceux qui pour l'argent rechangent de party,
Quiconque est vne fois par argent diuerty,
Peut bien vne autre fois rompre sa foy iuree.

MEDITATION 34.

DEVS DEORVM DOMINVS. &c.

NGRAT & sans soucy, infidelle & parjure,
Qui fais gloire du mal, que ton ame conjure
Poussant au gré du vent tes volages desirs:
Miserable pecheur, nourriçon d'inconstance,
Tu sentiras vn iour auec la repentance
En quel gouffre d'erreur te portent tes plaisirs.

Ta nature est peruerse, & ton ame est mauuaise,
Au feu de tes malheurs tu entretiens ta braise,
Tu n'as autre dessein que ton contentement:
Si tu vois vn pecheur soudain tu le veux suyure,
Son naturel te plaist, auec luy tu veux viure,
Comme dans le bel air de ton propre element.

Tu te plais au discort, ta langue de vipere
En mesdisant d'autruy n'espargne pas ton frere,

Tu ne peux ſupporter l'effect de la Vertu,
A tes mauuais deſirs ta volonté s'accorde,
Tu es ſans pieté & ſans miſericorde,
Oppreſſant l'affligé ſous tes pieds abbatu.

Dequoy te peut ſeruir d'auoïr la cognoiſſance
Des eſtranges effects de la toute puiſſance,
D'auoir veu les arreſts de l'eternelle loy,
D'auoir eu tant d'honneur de la grace diuine,
D'eſtre dans le ſentier où le bon-heur chemine,
Et de iouïr des biens que le Ciel loge en toy?

Tu ne veux rien ſçauoir en ſcience ſi belle,
Tu lis, ſans la iuger, l'ordonnance eternelle,
Tu as, ſans les bien voir, mille graces des Cieux:
Tu laiſſe la Raiſon pour ſuyure la Couſtume,
Comme vn deſeſperé qui iette au vent la plume
Et prend, mal-aduisé, le pire pour le mieux.

Sans reſpect de celuy qui trop bon t'a faict naiſtre,
Tu dis dedans ton cœur, qui peut eſtre mon maiſtre?
Qu'elle force icy bas me pourroit commander?
Ie ſuis libre & content, i'ay l'âge & la fortune,
Quelle incommodité me peut eſtre importune?
Et quel œil maintenant m'oſeroit regarder?

Mais pour toſt rabaiſſer tes pointes orgueilleuſes,
Le Seigneur armera ſes forces merueilleuſes,
Deuant luy marchera la puiſſance du feu,
La tempeſte & l'eſclair, le foudre & le tonnerre

Couuriront à l'instant la face de la terre,
Et rendront tout le monde vn cahos incogneu.

Le Soleil arrestant sa course coustumiere,
Tout tremblant troublera le clair de sa lumiere,
En voyant ce grand Iuge appeller l'Vniuers:
O iour espouuentable & trop à ton dommage,
Que chacun doit donner sur le deu de sa charge,
La derniere raison des secrets plus couuers.

Alors tu sentiras ta douleur sur toy-mesme,
Voyant pour te iuger la puissance supresme
Sur son lict de Iustice, en Royal appareil:
Tu verras lors le Ciel s'estonner de ta crainte,
La mer de tes souspirs, la terre de ta plainte,
Et les enfers remplis des frayeurs de ton dueil.

Lors que tu recognois ceste fiere menace,
Tu cours droict à l'Autel pour y treuuer la grace,
Non pas pour faire bien, mais de peur du trespas.
Tu viens pour presenter l'offrande accoustumee,
Mais tu vois à tes yeux l'odorante fumee
Au lieu d'aller au Ciel, retourner contre-bas.

Voudrois-tu croire encor que la grandeur puissante,
Qui commande par tout de si peu se contente,
Penses-tu que soudain ta voix l'alle esmouuant?
Dieu destourne les yeux de l'impur sacrifice,
Riẽ ne luy desplaist tant qu'vn cœur chargé de vice,
Qui bouffe d'arrogance & n'est plein que de vent.

Que pensés-tu donner à celuy qui te donne
L'estre, l'air, & la vie, & qui puissant ordonne
Du terme de tes iours? Qu'as-tu qui ne soit sien?
Il t'a faict du limon d'vne terrestre poudre,
Il peut quand il voudra en terre te resoudre,
Car il t'a faict de terre, & la terre de rien.

Il estend le tapis de la verte prairie,
Que lon voit au printemps diuersement fleurie,
Semant de mille odeurs vn gracieux parfun:
Il tient en son pouuoir les bestes des montagnes,
Les oyseaux des forests, les troupeaux des campagnes,
Et soustient le piuot de ce globe commun.

Pauure & chetif mortel, qu'auras-tu donc de reste,
Si dessous le grand tour de la voûte celeste
Toute chose appartient à ce grand Souuerain?
Tu ne peux rien offrir qui ne luy soit notoire,
Offre donc tes desirs à l'honneur de sa gloire
Pour rendre plus heureux les presens de ta main.

Tu as souuent le Nom du Seigneur en ta bouche,
Mais le diuin respect dans le cœur ne te touche:
Tu le prie au besoin d'vne importune vois,
Mais l'effect se cognoist contraire à la parole,
C'est du vent qui se perd dans le son qui s'enuole,
Comme se perd l'Echo dedans le fond des bois.

Pour inuoquer ce Nom redoutable & terrible,
Il faut aimer d'Amour, non de deuoir seruile,

Se dresser pour sa gloire, & chanter son honneur,
Brusler le sacrifice & le cœur d'vne flame,
Offrir auec l'encent l'odeur d'vne bonne ame,
Car l'offrande est plaisante en venant d'vn bon cœur.

La diuine bonté seulement ne demande
La graisse des Taureaux, elle veut que l'offrande
Soit d'vn cœur plein d'amour, de repos, & de pais:
Qui fait bien ce qu'il sçait sçachant ce qu'il doit faire,
Qui suit sans varier le sentier salutaire
Et cerche le bon heur qui dure pour iamais.

QVATRAIN 38.

TRauaille en ta ieunesse: Il faut si tu es sage
Mesnager du repos pour la fin de tes iours,
Pren ton occasion lors qu'elle est en son cours,
L'on se rid d'vn viellard qui regrette son âge.

QVATRAIN 39.

CEluy qui suit le vice en sa folle inconstance,
Doit encor quelquefois son malheur ressentir,
Car il sçait que son cœur qui ne luy peut mentir,
Ne sent plustost l'effect qu'il sent la repentance.

MEDITATION 50.

Stabat mater &c.

V PIED de la Croix rigoureuse
La vierge-Mere langoureuse
Voyant son filz en ses douleurs,
S'affligeoit & crioit sans cesse
Le cœur tout percé de tristesse,
Et les yeux tous chargez de pleurs.

La douleur qui la desconforte
Est si penetrante & si forte,
Et le glaiue en est si tranchant
Qu'il porte sa cruelle pointe
Dans le fond de son Ame sainte
Et iusqu'au vif la va touchant.

O Dieu quelle tristesse extreme,
Sent la bonne Mere en soimesme!
Quel vif assault d'affliction
De voir son filz tant agreable
Par vn supplice abominable
Souffrir si dure passion!

Rien de constant ne luy demeure,
Son cœur sanglotte & son œil pleure

Voyant las ! tant de cruautez
Deßus ſon cher filz exercees,
Qui pend en croix les mains percees
Et tout ſanglant de tous coſtez.

Quel barbare & cruel courage,
Quelle inhumaine & fiere rage,
Quel cœur de roc ſans amitié,
Pourroit voir ceſte triſte mere
Se fondre en ſa douleur amere
Sans eſtre touché de pitié?

Elle voit l'Autheur de la vie
Par vne furieuſe enuie
Souffrir mort pour noſtre peché.
Et le pere de la Iuſtice
Par vn trop iniuſte ſupplice
Deſſus vne croix attaché.

Ha ! Mere ſainctement eſleuë
Viue clarté, vierge impoluë,
Eternelle ſource de foy:
Fay qu'inceſſamment ie regrette
Sa mort & ſa peine ſoufferte,
Et que ie la pleure auec toy.

O douce Mere ie deſire
Participer à ce martyre
Et ſentir l'admirable effort
De ceſte mort viuifiante

Qui tire mon Ame tremblante
Hors des abismes de la mort.

Fay que mon esprit ne contemple
Autre chose que ton exemple
Pour pleurer sa mort nuit & iour,
Et que ie ne sente en mon Ame
Que ceste sainte & viue flame
Qui brusle d'eternel amour.

Fay que iamais rien ie ne voye
Que le triste obiect de sa playe,
Afin de me toucher le cœur,
Du vif regret de mon offence
Qui a liuré son innocence
A la mercy de la fureur.

Ceste saincte Croix reprouuee,
De ceux qui l'ont iadis leuee
Comme vn signe ignominieux:
C'est l'enseigne du Roy de Gloire
Qui comme vn trophé de victoire,
Paroist sur la porte des Cieux.

Ie veux tant que i'auray à viure
Porter ceste enseigne, ou la suyure
Au chemin de la verité,
Esperant sans changer de trace
Entrer comme vn enfant de grace
Au sejour de l'Eternité.

MEDITATION 51.

Vexilla Regis. &c.

OICY du Roy des Rois l'enseigne desirable,
Voicy ce grand mistere & ce bois attendu,
Où celuy qui fit l'homme a voulu pitoyable,
Pour le salut de l'homme en croix estre estendu.

Sur ce bois esleué, ceste saincte victime
Receut le cruel coup qui luy ouurit le flanc,
D'où sortit à l'instant pour lauer nostre crime,
L'eau de grace meslee au pourpre de son sang.

Ainsi fut accomply par effect manifeste
Le prophetique chant de la Royalle vois,
Qui penetrant iadis dans le secret celeste,
A dict que l'eternel regneroit sur le bois.

Bois dignement esleu que la palme n'esgalle,
Sacré bois de victoire à iamais florissant,
Tu te vois honoré de la couleur Royalle,
Pour auoir soustenu le corps du tout puissant.

Arbre sainctement grand, où toute gloire abonde,
Sur lequel mon Sauueur a tant de maux soufferts,
Ayant porté le prix de la rançon du monde;
Tu as ouuert les Cieux, & fermé les enfers.

O belle & chere Croix, enseigne triomphante,
Où ie voy pendre en l'air mon aßeuré confort,
Ie prosterne à ton pied mon Ame penitente
Pour reprendre la vie où mon Roy prit la mort.

QVATRAIN 40.

NE mesprise personne en sa misere extreme,
A ce mesme malheur tu peux estre suject,
Quand tu vois sur quelqu'autre vn pitoyable objeсt,
C'est vne occasion pour penser à toy-mesme.

QVATRAIN 41.

NE romps point le repos de l'homme qui sommeille,
Mais contemple en effect l'image de la mort,
Tel ne sent point de mal au peu de temps qu'il dort,
Qui se voit miserable außi tost qu'il s'esueille.

SONNET.

OVS l'eternel bon-heur où la foy m'achemine,
Pour y cueillir le fruict de ma Redemption,
I'embrasse plein de Zelle & de deuotion
Ce bois fauorisé de la grace diuine.

Seigneur qui as formé ceste grande machine,
Tu as sur ceste Croix souffert ta paßion,
Et purgeant par ta mort mon imperfection
Tu as ruiné la mort & l'autheur de la ruine.

O celeste-faueur! ô Croix heureuse & saincte,
Du sang de mon Sauueur pour mõ bien toute tainte!
Riche & subtille clef qui nous ouurit les Cieux.

I'arrose de mes pleurs ceste Croix venerable,
Baisant les lieux sacrez de ce sang precieux,
Qui me conduit en gloire au sejour perdurable.

QVATRAIN 42.

SVpporte l'Innocent, car qui luy fait offence
Doit craindre le pouuoir qui du Ciel peut frapper,
Les Princes & les Rois ne peuuent eschapper
Ceste force d'enhaut qui en fait la vengeance.

MEDITATION 63.
Pater noster. &c.

NOSTRE PERE Eternel qui tiens sous ton empire
Tout ce grand Vniuers, qui dessus nous fais luire
La diuine clarté du Soleil radieux:
Fay que sans forligner en ce val de misere,
Nous puißions t'appeller librement nostre Pere,
Et comme tes enfans, te cercher dans les Cieux.

Ainsi de ton sainct NOM la grandeur & la gloire
Soit chantee sans fin de memoire en memoire,
Que le Pere la chante au fils dés le berceau,
Que le fils en croissant la puisse encore apprendre
A son plus ieune frere, & que lon puisse entendre
Qu'il n'est rien, fors que toy, de parfaict ny de beau.

Que ton Royaume aduiẽne, & que dedans nostre Ame
Nous sentions la chaleur de ceste belle flame
Qui vient des clers rayons de ton œil immortel:
Afin que le peché qui nous poursuit sans cesse
N'empesche point le fruict que ta sainte proüesse
Nous conserue de grace au Royaume eternel.

Selon ton bon plaisir ta volonté soit faicte,
Aussi bien sur la terre où nous faisons retraicte,
Comme dedans les Cieux où loge ta grandeur,
Car celuy qui cognoist l'effect de ta puissance,
Et qui vit sous les loix de ton obeissance
Sera comblé de gloire, & de biens, & d'honneur.

Donne nous auiourd'huy nostre PAIN ordinaire,
Ce pain si sauoureux, ce pain si necessaire.
Qui seul nous rassasie, & seul nous peut nourrir,
Qui est de ton troupeau la celeste pasture,
Qui soustient nos esprits en leur propre nature,
Et qui a faict la mort en soy-mesme mourir.

Pardonne nous SEIGNEVR, par ta puissance haute,
Ne voy point les pechez qui sont de nostre faute,
Ne nous recerche point en ton iuste courrous:
Tu veux que libremẽt nous pardõnions l'offence,
Pardonne nous aussi par ta saincte clemence,
Et ta BONTE si douce aye pitié de nous.

Ne permets que nostre ame icy bas soit tantee,
Que de ses vains desirs elle soit enchantee,
Qu'elle se laisse vaincre à son affection,
Ou si l'humain desir quelquefois la transporte
Donne luy du courage, & la dispose en sorte
Qu'elle puisse emporter ceste tentation.

Deliure nous du Mal, destourne nous du vice,
Arreste nostre cœur en son premier office

Pour affermir sa gloire en l'appui de sa foy:
Fais O GRAND DIEV DV CIEL, que nous puißions sans crainte
Rechanter tes Grandeurs d'vne louange saincte,
Et que nous ne cerchions nostre repos qu'en toy.

QVATRAIN 43.

SI la Fortune amie vne fois te bien-heure
De richesse ou d'honneurs, ne t'en esleue pas,
La Fortune en tournant va tousiours haut & bas,
Et iamais sa faueur en vn poinct ne demeure.

QVATRAIN 44.

COmme le Peintre expert fait viuement paroistre
Le naturel des traicts qu'imite son pinceau
Ainsi d'vn vif rapport, comme dans vn tableau,
Chacun par son discours fait son humeur cognoistre.

QVATRAIN 45.

ORdonne en ta maison vne reigle asseuree
Mesure ta despence à l'aulne de tes biens,
Mais ce n'est pas assez de reigler tes moyens
Ta vie & ton humeur doit estre mesuree.

PRIERE POVR LE MATIN.

PATERNELLE douceur, Autheur de la lumiere,
Qui nous monstre au matin sa flame coustumiere,
Grand Dieu qui d'vn seul mot par ton vouloir conduit
As separé le iour des ombres de la nuit,
Et qui sur le compas de ta diuine grace
Faits prendre à toute chose, & sa charge & sa place:
Maintenant que l'Aurore au poinct de son retour
Chasse lobscurité pour ramener le iour,
Permetz, pere eternel, que ie sente en mon Ame
De tes yeux, mes soleilz, la plus luisante flame,
Et que durant le cours de ce iour limité
Ie suiue les beaux raiz de ta diuinité,
Sans pousser, inconstant, ma course vagabonde
Dans les chemins perdus des deserts de ce monde:
PermetZ que les desseins de mon cœur soucieux
Changeans auec le iour puissent changer en mieux,
Que me tirant du fond de tant de precipices
Ie suiue les vertus pour m'eslongner des vices,
Et que pour arrester les forces de ma foy

Tes sainctes volontez soyent tousiours deuant moy.
Estouffe les ardeurs de mes folles pensees,
Oublie pour iamais mes ieunesses passees,
Et pour me delacer des liens du malheur
Sanctifie mon Ame et nettoye mon cœur,
Disposant mes deux yeux pour ne voir rien d'aimable
Que la sainte clarté de ton œil fauorable,
Chasse l'ambition, romp ses trompeurs desseins
Qui courrent, sans repos, les ombres les plus vains,
Et ne permets, Seigneur, que mon desir s'engage
Pour se perdre à sa suitte à mon desaduantage,
Car c'est vne Chimere, vn appas dangereux
Qui rend la cause belle, et l'effect malheureux.
Ma deuote Oraison d'vne alle viste & prompte
Porte deuant ton Throsne & ma peine, et ma honte,
Mon cœur qui voit l'abbus de sa fragilité,
Blasmant & son audace & sa temerité
Se prosterne à tes pieds, attendant la sentence
De ta misericorde où gist son esperance.
Fay moy sentir ta grace, & me mõstre en tout lieu
Que ie suis ta facture, & que tu es mon Dieu:
Et puis qu'ouurant les yeux il commence à cognoistre,
Ce que ie suis, Seigneur, & ce que ie dois estre:
Augmente ma lumiere, & que ie puisse voir
Le malheur de mon vice, au tour de mon deuoir,
Affin qu'ayant receu le pardon de ma faute
Ie puisse donner gloire à ta puissance haute,
Et chanter ton saint NOM cependant qu'icy bas
I'attend l'heure ordonnee au poinct de mon trespas.

PRIERE POVR LE SOIR.

AVORABLE *Bonté qui veux que toute chose*
D'vn temps alternatif trauaille & se repose,
Qui veux que sous l'obscur de l'espoisseur des Nuitz
L'homme charmant sa peine oublie ses ennuitz:
Ores que le Soleil suiuant ton ordonnance
Laisse nostre Hemisphere & diligent s'aduance,
Cachant son chef doré sous l'abisme, des eaux:
Ores que dans le Ciel lon voit tant de flambeaux
Paroistre à petits feux dans les nuages sombres
Et que l'obscurité perd la forme des ombres,
Coulant deuant nos yeux par sa noire espoisseur
Les mal-formez pourtraicts d'vne gelante peur.
Permets, Pere benin, que sans commettre offence,
Sous le calme repos d'vn gracieux silence
Le desiré sommeil se coule dans mes os,
Et que mon corps lassé iouysse du repos:
Que le tranquille effect de ceste douce amorce
Me donne au poinct du iour vne nouuelle force,
Sans qu'vn triste accident par vn soudain réueil

Puiſſe troubler le doux de mon calme ſommeil
Ou que quelque Dæmon trop malicieux, plonge
Mon imaginatiue en quelqne eſtrange ſonge:
Que mon Ame ſoit libre & quitte le ſoucy
De tant de vanitez qui l'agitte icy,
Pour entrer en ſoimeſme, affin qu'elle ne penſe
Qu'au bien heureux ſecours de ta toute puiſſance,
Et qu'allumant le feu de ſa deuotion
Aux diuines ardeurs de ta perfection,
Elle augmente de Zelle, & bien heureuſe ſente
Le charitable ſoing de ta Bonté preſente.
Las! c'eſt peu que de nous; alors que l'hõme dort,
C'eſt ſur vn traict viuant l'image de la mort,
Et le corps qui ſe braue en ſon orgueil extreſme
Demeure enſeuely dans l'oubli de ſoimeſme,
Car les mortelz ne ſont que des vaiſſeaux mouuans
Qui vont par la tourmente à la mercy des vens,
Et ſont touſiours en peinè au milieu de l'orage
Portans dedans le cœur la crainte du naufrage.
O Dieu ſois mon pilotte, & conforte Seigneur,
Mon vaiſſeau qui perd route, & cingle plein de peur.
Renforce mes eſprits par ta force immortelle
Et redreſſe mon cours au poinct de ton eſtoille,
Affin que reſueillé du ſommeil ocieux
Il deſcouure au matin en entrouurant les yeux,
Le phare flamboyant de ta luiſante face
Qui dreſſe mon nauire au haure de ta grace.

PRIERE POVR LE ROY.

S EIGNEVR qui d'vn seul mot de ta bouche diuine
As formé les beautez de ceste grand machine,
Qui as commandé l'ORDRE, & distingué le cours
De la belle Clarté qui nous donne les iours:
Qui veux que toute chose en sa charge sejourne,
Que le flot de la Mer se contienne en sa borne
Sous ton obeissance, & qui grand Souuerain
Retiens le cœur des Rois dans ta puissante main,
Sauue ceste COVRONNE, & Pere pitoyable
Fay cesser les malheurs du peuple miserable.
Iette l'œil sur la France, ô diuine BONTÉ,
Et fay du cœur du Roy selon ta volonté:
Maintiens ce grãd HENRY qui laisse en tant de place
Tant de dignes tesmoins des effects de ta grace,
Qui par le iuste pois d'un pouuoir mesuré
Rend la France paisible & son sceptre asseuré.
Permets que sur l'appuy de sa dextre inuincible,
La France soit tousiours heureusement paisible,

Et par les forts liens d'vne constante foy,
Le ROY *aime son peuple, & le peuple son* ROY.
L'vn pour bien commander tienne haut la Iustice
L'autre pour se remettre au but de son seruice
Sous l'estroitte raison du naturel deuoir,
Rende l'obeïssance à qui a le pouuoir.
Ainsi la belle Astree appaisant les tempestes
Brusle, pour n'estre plus, les renaissantes testes
Des monstres engendrez de la Confusion,
Qui du cruel venin de la diuision
Ont infecté la terre, & par trop de souffrance
Perdoyent, sans ton secours, les beaux lyz de la Frãce.
Desia dessus le front des plus riches Palais
D'vn solemnel baiser la Iustice & la Pais
Font l'agreable Timbre, à la fleur blanchissante,
Qui tripla, rend tousiours la France florissante,
Et ja le mal passé se perd enseuely
Dans l'abisme profond d'vn eternel oubly.
Ia le deuoir redouble en ce peuple fidelle,
Qui du ferme respect de la foy naturelle
Porte à son ROY *sacré le legitime honneur,*
La loüange à la bouche, & l'amour dans le cœur.
Ceste fidelité si sainctement iuree
N'est point pour peu d'effect par parolle assuree
Et les sacrez arrests par les cours approuuez
Ne sont point seulement dans les marbres grauez:
Mais pour garder sans fin ceste heureuse memoire
Au plus haut de ton Throsne où tu sieds en ta gloire,
En lettre incorruptible on lit en tous endrois
Le zelle inuiolable & la foy des Francois.

Garde le ROY, *Seigneur, cependãt qu'il nous garde,*
Aßiste à ses desseins, alors qu'il se hazarde
Dedans la viue ardeur de ses efforts guerriers,
Pour poser sur son front lauriers dessus lauriers,
Honneurs dessus honneurs, conqueste sur conqueste
Et faict voller son NOM *sous la voûte celeste,*
Qui va d'vn mesme cours, que le cours du Soleil,
Faire sçauoir par tout qu'il est seul sans pareil.
Iusques icy, SEIGNEVR, *ta dextre fauorise*
En ses iustes desseins toute son entreprise,
Sois tousiours sa conduite, & que ton bras tres-haut,
Commande à son armee au milieu de l'assaut.
L'esperance & l'appuy des autres Rois du monde
D'vn orgueilleux dessein, superbement se fonde
Sur le nombre infini des soldats furieux,
Qui rauagent la Terre, et menacent les Cieux,
Que les monts esleuez esgallent aux campagnes,
Qui sur les lieux plus bas esleuent des montagnes,
Et qui pour abbreuer leurs superbes cheuaux
Ne font pas seulement dessecher les ruisseaux,
Mais aux fleuues courans font arrester la course,
Et tarir leur canal iusques dedans la source.
Mais ce nombre sans nombre, & ce pouuoir humain
N'est point fort sans l'effort de ta puissante main.
Car tu es ce grand ROY, *ce grand* DIEV *des armees,*
Qui, puissant, fais trembler les troupes animees.
Qui lors du plus ardant de leur viue fureur,
Fay couler dans leur ame vne gelante peur.
La peur glace leur sang au fort de leur poursuite,
Ils tournent tous le dos d'vne honteuse fuite,

Tesmoignans par leur route & bien souuent trop tard
Que le don de victoire est vn don de ta part
Qui vient de ta main seule, & donne cognoissance
Des merueilleux effects de ta toute puissance.
Ces BRAVES periront, & les plus vieux soldats,
Qui ont veu mille assauts, & veu mille combats,
Ne dureront non plus en leur nombreuse troupes
Que le feu pris soudain dans les seiches estoupes:
Ou que le cours passant d'vn prompt leger esclair,
Qui se perd aussi tost qu'il paroist dedans l'air.
C'est sur toy seul SEIGNEVR, non sur autre asseurãce
Que nostre grand HENRY fonde son esperance,
Il tient de toy son Sceptre, & de toy seul aussi
Il reçoit les Grandeurs qui le suyuent icy,
Et n'ayant pour seul but que le but de ta gloire,
Il recerche en ton Nom la Paix par la Victoire;
Et jà ses ennemis sous ses pieds abbatus,
Sont vne ample matiere à chanter ses vertus.
Ie les voy, ie les voy, d'vne longue entresuite
Deux à deux attachez, tesmoins de son merite,
Portans, au grand regret de leur premier orgueil,
La honte sur la face, & les larmes à l'œil.
Ie les voy pris à force en leur propre contree
Seruir pour le triomphe en la Royalle entree.
Ie voy, ie voy desia ce genereux vainqueur
D'vn port Royal & franc, plein d'Auguste grandeur,
Dessus vn char doré passer de place en place,
Pour descendre en ton temple, & là te rendre Grace
De tes sainctes faueurs, & deuant ton Autel
Dresser de sa Victoire vn Trophee immortel.

Là le peuple à l'enuy transporté d'allegresse,
Troupe à troupe arriuant d'vne importune presse,
Inuoquant ton sainct Nom, viendra, deuotieux,
Prier d'vn cœur François pour son Roy glorieux,
Qu'il plaise à ta BONTE *sainctement liberalle,*
Faire naistre vn fleuron de ceste fleur Royalle,
Qui puisse apres le temps dans le Ciel ordonné
Se voir d'vn franc accord le front enuironné
De l'inuincible rond de la riche Couronne,
Qui seule en l'vniuers par ta grace fleuronne.

SVR LE POVRTRAICT DE MONSIEVR ROSE Euesque de Senlis.

EN voyant ce pourtraict ie voy dans vne Rose,
L'odorante beauté de la doctrine enclose,
Et quiconque cognoist les traicts de ce visage,
Doit sentir les Vertus d'vn si grand personnage.

EPITAPHE
DE M. FLORENT FOVRNIER, ARCHITECTE DV ROY.

FLORENT fleur des esprits qui d'vn haut artifice
Embellissoit la France & contentoit les Rois:
Qui sur les ornemẽs d'vn Roial frontispice
Demonstroit les raisons des plus artistes lois.

FLORENT que tout le monde admire en son ouurage,
Rendant l'architecture vn miracle nouueau, (âge,
Ce grand FLORENT FOVRNIER le premier de nostre
Est mort au mois des fleurs & gist sous ce tombeau.

Ce que la Grece auoit de rare en ses antiques,
Les Maussolles d'Egipte, & les portz Rhodiens,
Tous les Palais de Rome, & les œuures publiques,
Au plus parfaict de l'Art ne surpassoyent les siens.

Comme vne belle fille en vn iardin rassemble
Pour faire vn beau bouquet mille diuerses fleurs:
Ainsi FLORENT cerchoit & ramassoit ensemble
Pour faire vn beau dessein mille diuers labeurs.

Le Peintre ingenieux pour former ſa deeſſe
Recerchoit la beauté deſſus mille beautez,
Et FLORENT *ſe formoit par ſa gentille addreſſe*
Vn modelle nouueau ſur mille nouueautez.

Or ſur l'ordre Dorique, ores ſur le Corinthe
Il compoſoit, ſubtil, les riches Chapiteaux
Le tailloir, la volute, & la baze, & le plinte,
Gardãt l'art & la force en ſes traitz les plus beaux.

La Phrize qui s'eſtend ſous les belles corniches
Par la proportion des eſpaces bien pris
Porte ſes Ornemens ſi diuers & ſi riches,
Qu'elle retient la veuë & rauit les eſpris.

Mon Roy CE GRAND HENRY, *ce Prince redoutable,*
Qui remet tout les arts en leur perfection,
Aimoit ce grand FLORENT *& d'vn œil fauorable*
Contemploit les beaux traitz de ſon inuention.

Mais l'heureuſe faueur d'vn ſi puiſſant Monarque
Ny les vœux de la France & le commun ſecours
N'ont peu fleſchir les loix ni l'ordre de la Parque,
Qui faict mourir FLORENT *en la fleur de ſes iours.*

Iette des fleurs, PASSANT, *deſſus ſa ſepulture*
Car FLORENT *florira d'vn eternel renom*
Puis qu'il a fait fleurir la belle architecture
Il doit fleurir d'honneur, comme il fleurit de nom.

EPITAPHE
De Monſieur le DIGNE, doct. V.I. Prieur de Rimaucourt & de Courteri, Oncle paternel de l'Autheur.

VAND LE DIGNE *viuoit tranquille eſtoit ſa vie,*
Sans fard, ſans auarice, & ſans ambition,
Les Muſes ſeulement & la deuotion,
Eſtoyent l'vn ſon plaiſir, & l'autre ſon enuie.

Quand LE DIGNE *mourut, ſa mort ne fut ſuiuie*
De regret, de douleur, ni d'autre paßion,
Mais eſleuant ſes yeux en contemplation,
Son ame doucement fut dans le Ciel rauie.

Il eſtoit plus ioyeux de ſortir de ce monde,
Que le Nocher battu de l'orage & de l'onde
N'eſt ioyeux & content de ſurgir à bon port.

Il auoit veu la Court & les grandeurs Romaines,
Mais il auoit cogneu que ce ſont choſes vaines,
Et qu'il faut en Dieu ſeul recercher ſon confort

EPITAPHE De Monsieur COVRETIER, Lecteur du Roy en la langue Grecque, & Prieur du Godet.

TV AS en fin couru la course iournaliere
Docte doux profitable & sçauãt COVRETIER,
Mais de tous tes escris, le cours n'est pas entier,
Tu en laisse à regret vne grand part derriere,

Si faut-il tost ou tard passer ceste carriere,
Tu t'en vas des premiers ayant faict ton quartier.
En la mer de ce monde, & tu es au sentier
Pour voir d'vn œil plus beau la diuine lumiere.

Que celuy est heureux qui tout ainsi que toy,
Docte, riche & content a ouy deuant soy,
Les plus rares espris loüer sa renommee,

C'est vn contentement puis qu'il nous faut mourir,
De laisser apres nous vn si doux souuenir.
Tous les autres plaisirs se tournent en fumee.

LES LARMES DE CLION SVR LE TVMBEAV DE B. LE MAISTRE, fils de Monsieur de Belle-Iambe, Conseiller à la Court.

BElle *Ame, astre luisant qui maintenant se mire*
Dans la viue clarté qui nous dõne le iour,
Reçois sur tõ tombeau les souspirs que ie tire
Tesmoins de ma tristesse, enfans de mon amour.

Ta prudente ieunesse en son printemps perduë,
Ton esprit tout remply des plus rares secrets,
Tiennent diuersement mon ame toute esmeuë,
L'vn fait naistre ma peine: & l'autre mes regrets.

Ame digne du Ciel si cherement nourrie,
Des plus pures douceurs du mont Parnaßien.
Tu cherissois la gloire, & la gloire cherie,
Te seruoit d'vn beau Phare à te conduire au bien.

Source de mes ennuis seul sujẽct qui m'afflige:
Qui auec ton aurore as rencontré ta nuict,
Le regret de ta perte à la douleur m'oblige,

Et plus ie fuis la peine, & plus le mal me suit.

Ie voudrois estouffer ma douleur, & mes plaintes,
Mais ce malheur me force à ruisseler mes pleurs:
Ne doy-ie pas voyant tant de vertus esteintes
Aux pleurs ouurir la bõde, & la porte aux douleurs?

Ie ne pleure point seule, au mal que ie regrette:
Les Nymphes, & mes sœurs, le pleurent comme moy.
Ie sens mon desplaisir en la commune perte;
Comme sentant ma perte, en la commune loy.

Lon voit auec regret vne fleur printaniere,
Perdre son beau bouton auant le temps passé
Et lon regrette aussi qu'en sa beauté premiere
Ce fruict tombe en verdure, estant trop auancé.

Comme vn ieune Cypres qui prend belle croissance,
Et fait iuger l'honneur d'vn iardin bien planté:
Ainsi viuement beau deslors de sa naissance,
Lon le iugeoit pour estre vn greffe bien anté.

Le coursier braue & fort iamais ne degenere,
Dedans l'aire d'vn Aigle, vn braue aigle se prend,
Lon pouuoit bien attendre, vn bon fils d'vn bon pere,
Ainsi que le bon fruict, d'vn bon arbre s'attend.

Cest esprit penetrant, desireux, & capable:
Luysoit sur ses esgaux comme luit vn soleil.
Et comme il se rendoit tous les iours admirable,

Sa vertu l'euſt rendu quelque iour ſans pareil.

La nature attentiue à faire vn bel ouurage,
Auoit en ſa faueur deſployé ſes threſors,
Lon dit qu'vn bel oyſeau veut vne belle cage,
Vn bel eſprit auſsi meritoit vn beau corps.

Ses biens-diſans diſcours, ſon addreſſe, & la grace,
Qui le pouſſoit en lice, & luy donnoit le pris:
Paroiſſoyent auec l'âge en tel rang ſur ſa face,
Qu'il eſtoit ja l'object des plus rares espris.

Il auoit les vertus pour ſa chere conduite,
Les ſecrets du ſçauoir le faiſoyent eſtimer,
Son inſtinct le portoit au ſiege du merite,
Et ſa modeſte humeur le faiſoit bien aymer:

Mais en vain auec nous les vertus immortelles,
Nourriſſoient ſa ieuneſſe, auec tant de ſoucy:
En vain le ciel luy fit tant de grace ſi belle,
Pour ſi toſt ſe reſoudre à le tirer d'icy.

Le Ciel le cheriſſoit auec tant d'apparence,
De l'eſleuer vn iour iuſques au dernier point:
Que tant de riches dons, de ſi grande eſperance,
Deuoient pl⁹ lõg tẽps eſtre, ou du tout n'eſtre point.

Ainſi diſoit Clion qui fondoit tout en larmes:
Grauant ſur le tombeau ſa triſteſſe, & ſes vers.
Ainſi diſoient ſes ſœurs, en rallumant les flammes,

Des funests flambeaux, au feu de lauriers vers.

Mais vous plus resolu des coups de la Fortune,
Sage, & prudent oracle, en ce grand Parlement.
Vous qui recognoissez que la mort est commune,
Vous tirez vostre pere, au trait du iugement.

Vous qui sçauez si bien seruir ceste Couronne,
Tenant la verge esgale, au poinct de son milieu:
Vous voulez ce que veut ce Souuerain qui ordonne,
Que toute chose en fin s'en retourne en son lieu.

Vous sçauez que le ciel ses beautez ne nous monstre,
Que pour nous aduertir des defaux d'icy bas:
Nous ne voyons icy le bien que par rencontre.
Ce qui est auiourd'huy, demain ne sera pas.

Les lis en leur blancheur, en leur vermeil les roses,
Ne gardent leurs beautez que le cours d'vn matin,
Ainsi deuant nos yeux passent les belles choses,
Qui commencent leur estre, aux portes de leur fin.

Vostre œil qui se miroit dedans la viue image,
De vos traits rapportez sur ce front gracieux,
Pleureroit cet object: mais ce n'estoit qu'vn gage,
Qui part de vostre veuë & s'en retourne aux cieux.

La douleur logeroit dans quelque autre constance,
Qui se laisseroit perdre à vn si grand effort:
Mais vous qui cognoissez la diuine ordonnance;

Vous portez sans douleur les effects de la mort.

La naturelle loy qui vous l'auoit fait naistre
Auec tant d'esperance, & vous l'oste en sa fleur
Vous touche viuement, Mais c'est vn traict de MAISTRE,
De forcer la nature, & vaincre le mal-heur.

A Monsieur Coulon son Precepteur.

SONNET.

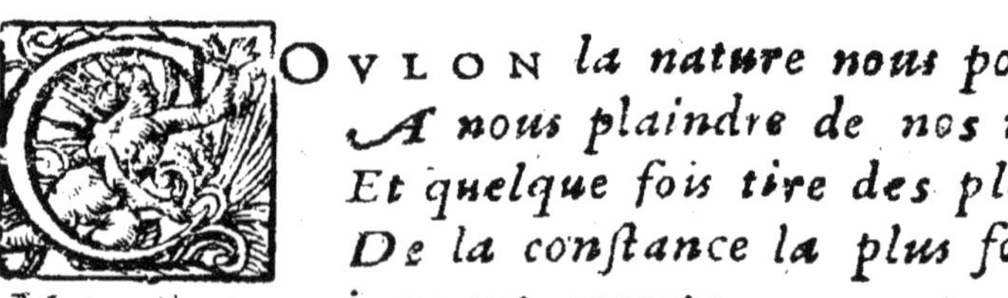

OVLON *la nature nous porte,*
A nous plaindre de nos malheurs,
Et quelque fois tire des pleurs
De la constance la plus forte.
Mais l'ame viuement accorte,
Force le sort, & ses rigueurs:
Le temps modere les douleurs,
Et la prudence les conforte.
Tu aymois ce subjet aymable,
Mais quoy? la Parque inexorable
A desià ses deux yeux couuers
Il ne faut point pleurer sa vie
Malgré la mort qui la rauie
Son nom volle par l'vniuers.

FIN.

EPITAPHE de M. le Comte de So. & de Mad. de M.

E Ciel pour nous monstrer sa plus belle richesse,
Fit naistre entre les grands vne ieune deesse,
Qui des autres beautés effaçoit le pourtrait,
Ce n'estoit que vertu, que douce courtoisie,
Sur la perfection le ciel l'auoit choisie,
» Tout ce qui vient des cieux doit estre tout parfaict.

Amour volloit sans cesse alentour de sa face,
Dedans ses deux beaux yeux, la faueur & la grace,
Cachoient la mignardise, & les chastes douceurs,
Sa louable vertu par la France estimee,
De mille, & mille amans la rendoient bien aimee,
» C'est la seule vertu qui captiue les cœurs.

Lors vn ieune Adonis acort, honneste, & sage
Plustost vn ieune Mars tout remply de courage,
Espris du beau renom iustement merité,

F

Viët en court pour cognoistre vn sujet tant aima-
Soudain il est touché d'vn trait ineuitable, (ble.
» Il faut fleschir aux traits de la Diuinité.

Par les beaux traits d'Amour à la premiere veuë,
De ces deux beaux Amans l'ame fut toute esmuë,
Leurs cœurs furent touches de mesme affection,
Amour fit d'vn seul coup vne playe iumelle,
L'vn estoit tout parfaict, l'autre estoit toute belle,
Mais la seule vertu formoit leur paßion.

En fin d'vn beau lien leur douce destinee,
Les rendit bien-heureux sous les loix d'Hymenee,
Pour rendre en ce beau pair ses desseins accomplis.
O beau couple qui rend nostre France anoblie,
Ainsi le beau rubis au diamant s'allie,
La perle au beau corail, & les roses aux lis.

Qui voit au mois d'Auril les fleurs parmi la plaine,
Ou le nombre infini de la Lybique areine,
Il voit l'infinité des baisers de l'espoux,
Qui brullant au doux feu de sa pudique flame,
Baisoit & rebaisoit les beaux yeux de sa dame,
Et mouroit tout raui d'vn contentement doux.

Mais Hymen tout ioyeux de si belle alliance,
Laissant les ieux mignars, & les ris à la dance,
Se retiroit encor à peine du festin,
Lors qu'vn fiebureux accez, ô grand coup de for-
tune,

Changea les ris en pleurs, le doux en amertume,
Et la mort accourut à ce riche butin.

Sa trop courte influence en sa iuste rencontre,
Pensant auoir trop faict d'auoir faict vne monstre,
De tout ce que le Ciel auoit de precieux,
Separa cette couple heureusement conjointe
Et rauit dans le Ciel ceste Ame belle, & saincte,
» Ce qui est de parfaict doit retourner aux Cieux.

Narcisse en retirant les yeux de dessus l'onde,
Où se monstroit l'obiect de sa beauté seconde,
Esmouuoit par ses pleurs les deserts à pitié.
Et ce nouuel Amant qui desire, & qui aime,
Pert son cœur, pert sa vie & l'obiect de soi mesme,
Et s'afflige aux regrets de sa chere moitié.

Ha! ie reste, dict il, & lon veut que ie viue,
Non le corps d'vn amant, mais vne ombre craintiue
O fidele beauté qui me rendoit heureux,
Si l'ombre suit le corps, il ne faut plus attendre,
Ie doy sous le tombeau aupres de toy me rendre,
» Il vaut bien mieux mourir que viure malheureux.

Le dueil l'eust emporté, mais reclamant sa dame,
Ce n'est pas le chemin, dict il, d'vne belle Ame,
De laschement se plaindre & se prendre à ses yeux,
I'ay du poinct du deuoir trop belle cognoissance,
Ie veux cercher ma mort, par le fer d'vne lance,
Et couronné d'honneur me presenter aux Cieux

Resolu de la suyure, il retourne à l'armee,
Lon vient à la bataille, où sa troupe animee,
Donne sous sa cornette auec tant de renom.
Qu'il ouure le passage à tous ceux de sa bande,
Et fit plein de fureur vne charge si grande.
Que le lieu pour iamais en gardera le Nom.

Comme il estoit aux coups plein d'extreme proüesse.
Qu'il choque l'ennemi, le force & le renuerse,
Il est porté par terre, & blessé tombe à bas,
Mais sur ce mesme temps l'ennemy prend la fuite
Et cede au bras vainqueur de ceux de sa conduite,
Et luy voit la deffaite au poinct de son trespas.

Comme il fermoit les yeux ioyeux que la victoire
Honoroit sa valeur, d'vne derniere gloire,
Ayant tousiours le nom de sa Dame en son cœur,
Ie reseruoy, dict il, encor ce peu de vie,
Pour estre à mon desir de ce bonheur suiuie,
Et ie meurs bien cõtent puisque ie meurs vainqueur.

Ainsi son bel esprit suyuant sa bien aimee,
S'enuola dans le Ciel laissant sa renommee
Qui doit durer autant que le celeste cours,
Tout le monde le plaint, son Prince le regrette,
La France qui l'aimoit sans fin, pleure sa perte,
Et tous lés gens d'honneur l'honoreront tousiours.

SONNET.

LORS que ce nom de PLVS, ce nom ambitieux,
Ce fascheux poinct d'honneur, ce fantasque langage,
Ce bruict qui braue tout, n'estoit point en vsage,
Le monde iouyssoit d'vn repos gracieux.
Mais depuis que la force au bras audacieux
Voulut pour commander se donner l'aduantage
Le tranquille repos luy quitta le passage,
Et la felicité s'enuola dans les Cieux.
Lon rompist le respect de la loy naturelle,
Le fils fit à son Pere vne guerre mortelle,
Lon entra l'vn sur l'autre en trouble & en discort,
Tout le monde changea d'humeur & de nature,
Chacun l'espee au poing cercha son aduenture,
Et le droict demeura dans la main du plus fort.

INSCRIPTION.
Pour le Tombeau de Monsieur le Baron D. S. M. V.

IEtte des fleurs, PASSANT, sur ceste sepulture,
Que tousiours à l'entour soit la gaye verdure,
Le Myrthe y puisse croistre & mille Lauriers vers.
Qui a serui son Dieu, son Prince & sa Patrie
Merite bien d'auoir vne tombe fleurie
Et que son renom dure autant que l'vniuers.

SONNET
Sur vne deuiſe donnee à vne Dame de la Court par feu Monſieur de Giury

DAns ce cercle arrondy le ſerpent ſe diſpoſe,
Pour monſtrer la prudence auec l'eternité,
Le triangle parfaict c'eſt la diuinité
Qui ſans nombre arreſté tous les membres compoſe.

L'Oliuier & le Lys, le Laurier & la Roſe,
Sont les beaux ornemens de la felicité,
La Palme eſt le cher prix de l'honneur merité
Pour qui les braues cœurs meſpriſent toute choſe.

L'autel qui n'a iamais, porté de Sacrifice,
C'eſt la chaſte beauté, qui pure de tout vice,
Conſacre à la vertu toutes ſes actions.

La corne-d'abondance eſt pleine de la grace,
Qui croiſt comme vn beau iour ſur voſtre belle face
Par les luiſants Soleils de vos perfections.

SONNET
A vn grand Prelat.

E ſauouroy les fruicts que voſtre main heureuſe,
Du grand iardin d'Eden a ſi bien tranſplantez,
Et d'vn celeſte gouſt mes eſpris contentez,
E Rauiſſoyent dans le Ciel mon ame curieuſe.

I'admiroy dans vos vers la manne pretieuſe
Des ieunes arbriſſeaux & des greffes antez,
Lors que d'autres beaux fruicts me furent preſentez
Pour refreſchir l'ardeur de mon humeur fiebureuſe

N'eſtoit-ce pas aſſez que dans vos ſaincts eſcris,
Ie contentoy, ioyeux, doucement mes eſpris
Et qu'en voſtre beau feu ie r'allumoy ma flame.

Non ce n'eſtoit aſſez car voſtre charité,
Qui cognoiſt les deffaux de noſtre humanité,
Veut reſiouir le corps & profiter à l'ame.

EPITAPHE
De du Monin.

IE plore du MONIN, *qui d'vn vers lamentable*
Sçauoit si bien plorer si la Parque implacable
Rauissoit quelquefois quelqu'vn de ses amis:
En plorant DV MONIN *ie pleure l'esperance,*
Et le futur bon heur que receuoit la France
En l'admirable fruict de ses doctes escris.

D'vn sang chaud & bouillant la fureur poëtique
Emportoit quelquefois sa plume prophetique:
Mais qui peut resister à la force des Cieux?
Ses vers venans du ciel ne pouuoyẽt sans tõnerre,
En ceste ieune ardeur descendre sur la terre.
Le tonnerre et l'esclair sont les armes des Dieux.

Le torrent qui prend cours d'vne abondante source,
Ne peut pas retenir sa violente course
Qu'il ne soit bien auant dans la plaine escarté,
Et le ieune coursier sortant de l'escurie
Bat la terre & hannit, & se met en furie,
Mais lon cognoist par la sa future bonté.

Dans le Temple sacré ornement de la Grece,
En rechantant ses vers la prophete prestresse
Horribloit ses beautez d'vn tremblement soudain,
Les esprits vifs & prompts, par la chaleur diuine
Agitez de l'effort d'vne belle doctrine,
Ont le discours plus prompt qu'ils n'ont prompte la main.

DV MONIN le mignon des filles de Parnasse,
Estoit né pour auoir vn iour beaucoup de grace,
S'il eust conduit sa force en vn âge plus meur.
Sa gloire estoit desia par le monde espandue,
Mais sa viue ieunesse à la fin s'est perdue
Comme vne ante qui gele en sa premiere fleur.

ANAGRAMME De Madamoiselle Denise D. B.

LOrs que le gracieux printemps
Monstre sa beauté par les champs
Emaillant tout ce grand espace,
Il me semble que les odeurs
Et toute la beauté des fleurs
C'est vn don de ta bonne grace.

Le pauure forçat cadené
Au banc pour iamais condamné,
Craint du Comite la menace:
Et moy ie croy pour bien ſeruir
Qu'eſtre condamné à mourir
C'eſt vn don de ta bonne grace.

Le criminel en ſa priſon
Perd l'aſſeurance & la raiſon,
Craignant de ſon Iuge la face:
Moy ie prends plaiſir à mon mal,
Et me ſemble que mon trauail
Ce ſoit don de ta bonne grace.

Ainſi ta diuine Beauté
Gaigne tant ſur ma loyauté,
Que ſans vouloir prendre l'audace
De me plaindre de ta rigueur
I'eſtime que toute douleur,
Ce ſoit don de ta bonne grace.

Au Sieur Le Digne.

L'Homme n'est pas icy pour croupir de paresse,
Il est né pour agir mais son ame maistresse,
Ne peut pas estre actiue en vn mesme suject:
Il faut qu'elle rechange en diuerse maniere
Pour tenir en estat sa force coustumiere,
Et retourner plus gaye en son premier object.

Plus l'homme est curieux, plus il cerche & desire,
Plus la diuersité secrettement l'attire,
Pour former par la peine vn certain iugement.
Ton bel esprit LE DIGNE est bien de ceste sorte
Car vn gentil desir, par l'vniuers l'emporte,
Pour cognoistre du beau le plus bel ornement.

Lors que tu peux sortir de la fascheuse peine,
D'vne affaire de poix & qu'il faut prendre halaine
Ou tu prens vn compas, ou tu prens vn pinceau.
De l'vn tu faiz vn plan de riche architecture,
De l'autre tu te plais, d'imiter la nature,
Et sur quelque beau traict desseigner vn tableau.

Quittant souuent encor cette humeur serieuse,
Ton esprit volle au sein, de ta Muse amoureuse,
Muse qui te contente en tes plus beaux desirs,
Quelque fois pour changer ta docte main manie,
Ta viole ou ton luth, auec tant d'armonie,
Que tu rauis l'oreille au doux de tes plaisirs.

Mais puisque les plaisirs s'escoullent comme vne onde,
Et puisqu'il n'y a rien de certain en ce monde
Heureux qui peut passer si doucement le temps.
Braue & gentil Esprit qui de prudence extreme,
Parmy les vanitez peux iouïr de toy mesme,
Sans craindre la fortune, ou la force des ans.

Le sieur de LA BORDE.

INSCRIPTION.

Du Sieur le DIGNE Sur le Temple de la Chasteté.

I'Ay voulu ce Temple choisir
Pour celebrer l'honneur des belles,
Ie veux n'auoir rien faict pour celles
Qui n'y prendront point de plaisir.

SEMPER.

Casta canit Dignus castæ properate puellæ
Et casto Dignum cingite flore caput.

DVRATE.

SONNET
Du Sieur Baron de Montagne Sur le Temple de la Chasteté

Ayme tant le beau chant, & la grace nayue,
Qui resonne en ce Temple, auec tant de douceur,
Que ie suis estonné d'où te vient ce bon heur,
Que d'vn stille si doux tant de force se suiue.

Ton beau vers coule ainsi qu'vn ruisselet d'eau viue,
Qui porte son tribut à son prochain Seigneur,
Et paué de beau sable en sa flottante humeur,
Va baisottant les fleurs, qui panchent sur sa riue.

Ceux qui n'ont comme moy, ouy d'vne voix plaine,
Les braues sons guerriers de ta Muse hautaine,
Croyront que tes escris, vont tousiours doucement.

Mais si lon voit sortir tes graues tragedies,
Tu feras lors cacher ces ames trop hardies,
Qui veullent tout iuger, sans aucun iugement.

SONNET
De Monsieur le baillif de Ioinuille Seigneur de Mortault.

IE l'ay cent fois iugé que les sœurs courroucees,
Te puniroient en fin d'vne iuste rigueur,
Et qu'Amour mesme encor d'vne viue fureur,
Tourneroit contre toy ses flammes estancees.

Les Muses à bon droit se sentent offencees,
De t'auoir tant aymé, & tant faict de faueur,
Amour est courroucé d'auoir mis dans ton cœur,
Pour tant de beaux suiects, tant de belles pensees.

Tu as si bien escrit les petites trauerses,
Que portent les amans, pour leurs belles maistresses,
Tu as sceu si mignard les douceurs recercher.

Mais de tous tes beaux vers, tu ne fais point de conte
Amour en est despit les Muses en ont honte,
Telles faueurs du Ciel ne se doiuent cacher.

Pour le temple de la Chasteté.

SONNET

Onstance chere Nimphe heureusement accorte,
Qui m'auez honoré de vos belles faueurs,
Ie pose dans ce Temple aux piedz de vos grandeurs,
Les fidelles tesmoings de la foy que ie porte.

Mes desirs asseurez qui m'ont faict bonne escorte
A suiure le deuoir de vos iustes honneurs,
Et mes chastes pensers plains de viues ardeurs
Sont les premiers objectz de la maistresse porte.

Ie consacre ce Temple où la Vertu s'adore
A vos yeux, mes soleils, que tout le monde honore,
Sacrifiant le cœur de ma fidelité,

Vostre douce Beauté si chaste & si bien nee
Donne tant d'aduantage à vostre destinee,
Qu'elle merite vn Temple à l'Immortalité.

SONNET.

Aux Dames mariees.

Enereuses Beautez qui gouuernez vostre âge
Dessous les chastes lois du lict Hymenien,
Vos mutuels desirs vous comblent de tout bien,
Dans le calme repos d'vn gracieux mesnage.

Vous donnez vostre cœur comme vn sacré partage
A celuy qui vous aime, & vous donne le sien,
Et de vos cœurs vnis, par ce chaste lien
Amour n'en faict qu'vn cœur, & n'en prend qu'vn hommage.

Cette saincte amitié, seule douceur du monde,
Vous rend de chaste fille, vne mere feconde,
Comme vne ieune vigne abondante en saison,

Et vos enfans mignards delices de nature,
Vont croissant doucement dedans vostre maison,
Comme ieunes Lauriers en leur gaye verdure.

SONNET

Pour les Vefues.

EAVTEZ qui conſeruez vos amours tant priſees
Par les viuans attrais de voſtre chaſte accueil,
Maintenant pour aimer les ombres d'vn cercueil,
Vos conſtantes vertus ſeront eterniſees.

Ces abondantes pleurs peuuent eſtre eſpuiſees
Car la longueur du temps peut deſecher voſtre œil,
Mais il n'efface point l'honneur de voſtre dueil.
Vos flames ſont la haut dans le ciel attiſees.

Heureuſe liaiſon qui du lien ſi fort
Serre deux cœurs vnis, qu'il dure apres la mort,
Sacrifiant leur foy ſur l'autel de conſtance,

La vefue Tourterelle au haut d'vn ſec rameau
Pleure auſsi ſes regrets, comme ſur le tombeau
Vous grauez en plorant voſtre perſeuerance.

SONNET.

Pour les filles.

SEul ornement du monde, agreables pucelles,
Le thresor de la terre, & le plaisir des cieux,
Ie consacre ce Temple, à l'honneur de vos yeux,
Posant sur son portail vos graces immortelles.

Le dessein releué d'inuentions nouuelles,
Semble riche en cornice, en frises curieux,
Mais s'il a rien de beau, de grand, de gracieux,
Il prend lustre & beauté des plus beaux traitz des belles,

Vous estes le sainct Temple où logent les amours,
Vous estes le bon heur, & l'honneur de nos iours,
Pour vous naissent les fleurs de saison printanniere,

Toute chose embellit, par vos perfections,
Et vous donnez la loy à nos affections,
Ainsi que le Soleil nous donne la lumiere.

STANCES
De Monsieur le DIGNE,
A Monsieur Thomassin, Seigneur de Mortault.

IE ne crains point qu'Amour ou les Sœurs soyent faschees
Si i'ay iusques icy mes passions cachees
Amour est tout diuin, diuines sont les sœurs
Leurs reuelations ce sont choses parfaictes
Telles diuinitez doiuent estre secrettes,
» *Il ne faut prophaner les celestes faueurs.*

Ce bien heureux troupeau qui doucement attire
Loing du peuple & du bruict aux deserts se retire,
Ores dessus Parnasse, ores sur l'Helicon,
Il fuit les lieux publics, cela me fait à croire
Que ce n'est pas du bruict que despend nostre gloire,
Et que la Vertu seule est nostre seul guerdon.

I'aime & ie suis aimé, cela seul me doit plaire,
De là vient mon bon heur, mais non pas du vulgaire

Controlleur general de toutes actions,
Ie laisse en plaine Mer voguer le grand Nauire
Et dedans ma barquette, au port ie me retire,
Pour iouyr en repos de mes affections.

Ie dois estre content, que celle qui enflame
De tant de feux diuins, le plus pur de mon ame,
Recognoist que ie sçay ses beautez honorer:
Sa grace fauorable, est ma gloire immortelle,
Ie ne dois recercher ma fortune qu'en elle,
Pour la contenter seule, & seule l'adorer.

Ceux qui sçauent gouster les douceurs amoureuses
Ne publient iamais leurs graces bien heureuses,
Plus ils ont de plaisirs, & plus ils sont discrets,
Il faut dissimuler & l'aise, & la tristesse,
Et pourtant de faueurs que i'ay de ma Maistresse,
Les plus beaux traicts d'Amour me sont les plus secrets.

Couurant ma passion, i'escris sans artifice,
Les vers ne me sont rien qu'vn plaisant exercice
Pour desrober du temps, quand ma belle le veut,
Ceux qui fondent l'honneur dessus si foible attēte
Font voir que leur Esprit de bien peu se contente,
Mais pour se contenter chacun faict ce qu'il peut.

Sur le Temple de la Chasteté dressé par le Sieur le Digne.

I les Nimphes comme autrefois,
Habitoient encor par les bois,
Pour laisser vn notable exēple.
Elles chanteroient tes hōneurs
Et de mille chapeaux de fleurs,
Orneroient le front de ton Temple.

Diane d'vn vœu solemnel,
Dresseroit vn bal eternel,
Le iour d'vne feste annuelle.
Les Nymphes en mille façons
Diroient mille belles chansons,
Chantans ta louange immortelle.

Ton vers à tant d'honnesteté,
Ton Temple est de telle beauté,
Qu'on ne peut trop chanter ta gloire.
Et lon estimera tousieurs.
Ton vers vn paradis d'amours,
Ton Temple, vn Temple de memoire.

LVCRECE DE LA TORCIERE.

ODE
de Madamoiselle de la Gr.

LE Digne quiconque soit celle,
Qui t'a de ses beautez espris,
Il faut bien qu'elle soit tres-belle
Car la grandeur de tes espris
Ne pourroit pas estre enflammee,
Que d'vne parfaicte beauté
Heureuse beauté d'estre aimee
De si parfaicte loyauté.

Que bien heureuse est la maistresse,
D'vn si modeste seruiteur,
C'est quelque gentille deesse,
Car ie sçay que dedans ton cœur,
Amour ne sçauroit pas portraire
Quelque commune impression,
Car ton amitié non vulgaire,
N'ayme que la perfection.

Heureuse doit estre sa vie,
Ton bon heur doit estre estimé,
Elle d'estre si bien seruie,
Et toy d'estre si bien aymé,
Au monde il n'est rien si honneste
Si mignard, ne si doucereux,

Qu'vn amant fidelle, & modeste,
Qui chante ses feux amoureux.

Que ta maistresse est bien constante
D'ouir tes modestes discours,
Lors que d'vne douceur coulante
Tu luy parle de tes Amours,
Si d'vne douceur delectable
Nous lisons tes vers tant discrets,
Combien peut estre plus aymable,
Le doux de tes propos secrets.

TOVTE FIDELLE.

SONNET

Ous les iours le Digne, contemple,
Et sur ses contemplations,
Nous à basti vn riche Temple,
Des plus belles inuentions,
Il loge en ce dessein bien ample,
Les plus rares perfections,
Et donne raison de l'exemple,
Des plus chastes affections,
Mais apres tant de riches traictz
Apres tant d'ornemens parfaictz,
Il nous cache vn feu qui doit luire,
Et qu'il a dans le Ciel cerché,
C'est bien de luy que lon doit dire,
Qu'il a bien de l'esprit caché.

LA MARCHE.

Franc. de Grand, Sieur de Briocourt Agent de ſon Alteſſe de Loraine.

Au Sieur le DIGNE.

LE Digne en ſouſpirant ton Amour qui t'eſlance
Pour voir dedans les cieux l'eternel ſouuerain,
Tu iettes en nos cœurs vne heureuſe ſemence,
Qui doit en ſa moiſſon nous produire vn bon grain.

Tu ne pouuois rien faire icy bas de plus digne,
Que de nous eſchauffer aux rayons de la foy,
Ton vers ſi doux-coulant, en vn ſubiect ſi digne,
N'a que toy de ſemblable, & de digne que toy.

Ne nous cache donc plus par vn meſpris extreſme,
Tant de ſaincts mouuemens d'vn eſprit bien remis,
Si tu les veux celer pour l'amour de toy meſme,
Tu les dois deſcouurir en faueur des amis.

BRIOCOVRT.

EPITALAME PASTORAL.

VR le poinct du matin à l'heure que l'Aurore,
Commence à se leuer sur l'Orison du More,
Perdant à simples traiz, ses rayons par les Cieux.
Ie vy (ie m'en souuien) le mignard Hymenee,
Aßisté de l'honneur, & de la destinee,
D'vn ordre nuptial passer deuant mes yeux.

Deuant toute la troupe en ordre conuenable,
Marchoit vn ieune enfant doucement agreable,
Qui portoit dans ses mains, deux flãbeaux allumez,
Mille petits amours tremoussans de leurs ailles
Comme les papillons autour de noz chandelles
Volletoient à l'entour de ces feux bien aymez.

Apres le doux Hymen marchoient cõme en Trophees,
Cent Nymphes de quinze ãs, mignardemẽt coiffees
Portant dessus leur front des guirlandes de fleurs,
Leur teint vermillonné sembloit au teint des roses

Qui sont sur le matin nouuellement escloses
Et qui gardent encor fraischement leurs odeurs.

Ce mignard escadron, de Nymphes gracieuses,
Chantoit d'vn bel accord, les graces amoureuses
D'vne extreme beauté qui les suiuoit soudain,
Elle vint apparoistre au milieu de ces belles,
Comme paroist la Lune au milieu des Estoilles,
Sous vne belle nuit, à lors qu'elle est au plain.

Voyant ceste beauté si richement paree,
I'eusse creu que c'estoit la belle Citeree,
Lors que parmy les fleurs elle prend ses esbas.
En voyant son marcher, sa taille & son corsage,
Sa grace & sa douceur, si modeste, & si sage,
I'eusse creu que c'estoit la prudente Pallas.

Dans vn autre escadron, de guerriers de deffence,
Ie vy vn cheuallier qui portoit l'apparance,
De ce Dieu qui commande, aux combats furieux.
Il differoit d'vn poinct seulement sur la face,
Car Mars est rude & fier, l'autre de bonne grace
Portoit l'audace en l'ame, & la douceur aux yeux

Les mignardes beautez qui estoient ia passees,
Arriuoient cependant, desia demy lassees
Dans le font du vallon enuironné de bois.
Au milieu du vallon, estoit vne prairie,
Où mille ruissellets, lauoient l'herbe fleurie,
Et dix mille Oysillons, chantoient à plaine vois.

Tout au bout de ce pré, dessous vn grand vieil chesne
S'esleuoit vn autel, de branchage de fresne,
Recouuert de Lierre, & de gazons herbus,
Et du pied du vieil chesne en tirant vers la plaine
Le gracieux bouillon, d'vne belle fontaine,
Plus clair que fin cristal, sortoit à floz rompus.

Ce lieu estoit si Sainct que la forte tempeste,
N'auoit iamais touché, la venerable teste,
De ce chesne sacré, ny des boys d'allentour.
Car la Chaste Diane, & les belles Driades
S'y retiroient l'Esté par petites brigades,
Pour euiter l'ardeur de la chaleur du iour.

Là se vint rendre en fin, toute ceste assemblee,
De ioye, de douceur, & de plaisir comblee,
Puis le petit garçon qui portoit les flambeaux.
Mist le feu dans vn pot, de fine pourcelaine,
Plein de poudre & d'odeurs, mais la flame soudaine
Brulla les aillerons, de plusieurs amoureaux.

Les Nymphes qui dansoient à leurs belles coustumes,
Voyans ces angelots auoir grillé leurs plumes
Ioyeuses de leur mal, se rioient de leurs pleurs.
Les volages Amans, disoit tout bas quelqu'vne,
Puissent courir vn iour, ceste mesme fortune,
Mais c'est trop peu de mal, pour de si grands trompeurs.

Ia desia se perdoit l'odorante fumee,

Et desia toute en vn ceste troupe estimee,
Dansant s'estoit renduë à l'entour de l'Autel,
Lors qu'vne belle Nymphe, entre ceste assistance,
Montant sur vn grand tronc feist signe de silence
Pour declarer sur l'heure vn secret immortel.

Arrestez vous, dict elle, ô vents qui par le vuide,
Passez & repassez, Et toy ruisseau fluide
Arreste vn peu ton flot, qui viste se conduict,
Escoutez ô Rochers, & vous oyseaux volages,
Si vous prenez plaisir, aux celestes presages,
Des futurs accidens, ne faictes point de bruit.

Le feu n'est plus caché maintenant sous la cendre,
La flame est descouuerte, il ne faut plus attendre,
Rien ne se faict icy sans resolution.
Heureux couples d'amans, plus heureux qu'il ne semble,
Et plus heureux encor l'amour qui vous assemble
Pour estre le suject de la perfection.

Ie ne dy rien de vous, les Dieux vous ont faict naistre,
Auec assez d'honneur, pour vous faire cognoistre,
Mais cognoissant de loing vostre posterité,
Ie voy tant de grãdeurs, & de vertus parfaictes
Que les vostres seront encor plus que vous n'estes
Et vous conserueront en l'immortalité.

Lon verra quelque iour, le temps de vous s'approche,

Que de deux beaux surjons, tous deux de mesme
Sortirons des ruisseaux qui courãs l'uniuers, (roche,
En estendant leurs cours par diuerses manieres
Se verront à la fin, de si grandes riuieres,
Que lon sçaura leur nom, en toutes les deux mers.

Ainsi la renommee, aura dedans la bouche,
Les braues successeurs, de vostre heureuse couche,
Et si l'antique nom de voz maieurs fut grand
Ceste haute grandeur, sera si bien suiuie,
Que lon aura suject de porter quelque enuie,
A ceux que la fortune appelle au second rang.

Ceux qui de naturel, seront poußez aux armes,
Aymeront, valeureux, les plus chaudes allarmes,
Et terniront le loz, des plus braues guerriers,
Ceux que le blond Phœbus de la fureur separe,
Porteront quelque iour la supresme thiare,
Ornans leurs doctes chefs, de mille beaux Lauriers.

Si la valleur des fils, suit la valleur du pere,
Les filles retiendront la beauté de la mere,
Et la perfection sera des deux costeZ
Mais vostre plus grand heur c'est qu'en vostre vieillesse,
Vous aureZ le plaisir de voir ceste ieunesse,
Et parfaicte en valleur, & parfaicte en beautez.

A TRES-ILLUSTRE ET TRES VERTUEUSE DAME Madame. D. C. FR. D. Φ.

SONNET.

MARS Mercure, & Venus trois puissances de celles,
Qui dominoient le point des reuolutions
Par le mesme ascendant de leurs reflections,
Tournerent dessus vous, leurs forces eternelles.

Venus donna la grace, & le parfaict des belles,
Mars ordonna du cœur, plein de conceptions,
Mercure composa voz sages actions,
Esleuant voz esprits, aux vertus immortelles.

Genereuse Amazone, ainsi de trace en trace,
Vous suiuez les grandeurs de vostre illustre race,
Par les beaux mouuemens d'vn si heureux aspect.

Ainsi vous negligez ceste terre habitable,
Car le rond de la terre, est trop foible suject,
Pour vostre grand esprit, qui du Ciel est capable.

A Madamoiselle de Champdenier, Anne de Rochechouard.

SONNET.

PETITE & belle Nymphe, à qui dés la naissance,
Le Ciel a prodigué tant de riches faueurs,
La deesse de Chipre, enuie voz honneurs,
Cognoissant le futur, de vostre heureuse enfance,
Vostre douce ieunesse en florissant s'aduance,
Comme vn bouton de rose, entre les autres fleurs.
Vous forcerez vn iour, tant d'honnorables cœurs,
Qu'amour establira dans voz yeux sa puissance.
Croissez douce beauté, puissiez vous tousiours croistre,
Imittant les vertus des Nymphes de ce cloistre,
En attendant l'effect des forces de vostre œil.
Car vostre œil gracieux, en la fleur de vostre âge,
Sur toutes les beautez aura mesme aduantage,
Que sur les feux du Ciel peut auoir le Soleil.

LES REGRETS D'ARMIDE TIREZ DV TASSO.

QVE t'ay-ie fait cruel? qu'elle fureur t'incite
De desdaigner ma grace & de prendre la fuitte?
Qui te peut esmouuoir maintenant de partir?
Si tu m'as voulu bien, si ie t'ay semblé belle
Pourquoy cœur desloyal, comme vn traistre infidelle
Forçant les loix d'Amour t'en veux tu repentir?

Considere, inconstant, ma paßion trop forte
Si le Vent & la Mer mon triste cœur emporte,
Emporte encor le reste et ne me laisse ainsi
Ou si de me plus voir tu as perdu l'enuie
Arrache moy l'Amour, ie n'auray plus de vie,
C'est l'Amour seulement qui me faict viure icy.

Arreste encor vn peu, ne tourne pas la poupe,
Areste pour ouyr ces mots que i'entrecoupe,
De sanglots, de despits, de regrets, & desmoy,
Ie ne veux retarder ta fuite commencee,
Ie te veux aduertir, la Mer est courroucee,

Mais i'ay peur pour celuy qui me fausse la foy.

Las! si iamais ton cœur se fleschit par priere,
Escoute pour le moins ma parolle derniere,
Tu ne peux (desloyal) refuser de m'ouyr,
Ie ne demande plus ta faueur amoureuse,
Tu fuis, pour la donner à quelque plus heureuse,
Helas! c'est ce regret qui me fera mourir.

Tu ne dois auoir peur que ceste voix tremblante,
Te prie desormais comme vne triste Amante
Qui nourrit quelque espoir de quelque plus doux
Ie sçay bien que ie pers le cœur & l'esperãce (sort,
Mais si le souuenir de mon amour t'offence,
Escoute pour le moins les propos de ma mort.

Tu destournes la veuë, ha! pariure infidelle,
As tu si tost perdu ceste douce estincelle
Qui te fust autrefois plus chere que les yeux?
Sont cela les effects de ta belle promeße
Lors que i'estoy ton cœur, ta vie, & ta maistresse,
Et que tu t'estimoy plus heureux que les dieux?

Si l'amitié premiere en haine s'est changee,
Et si tu prens plaisir de me voir affligee,
Ie ne veux destourner ton plaisir ny ton bien,
Va iouyr de ta haine à mon desaduantage.
Martyrise mon cœur, tourmente mon courage,
» Qui ne craint point la mort, n'a plus crainte de rien.

Adioute si tu veux aux beaux faicts de ta gloire
Pour te brauer de moy, que tu as la victoire
D'vne Dame qui t'aime & t'a donné son cœur.
Mocque toy de mon mal et de mes folles flames
Mesprise mes douleurs, ma requeste, & mes larmes
Le vaincu doit souffrir, ce qui plaist au vainqueur

Va conter sur le sein d'vne autre mieux apprise,
Entre les doux baisers, entre la mignardises,
Quelle estoit mon humeur, ma grace & mes discours
Tu te peux bien vanter d'auoir eu la puissance
Sur celle à qui les Roys rendoient obeissance
Et que tu possedois sa vie & ses amours.

Ce malheur m'est bien deu, car i'ay tramé moy mesme
Les premiers mouuemens, de ce malheur extresme
I'ay eu l'ame trop douce, & le cœur trop soudain,
Iay façonné mes yeux afin de le surprendre,
Ie pensois l'auoir pris, mais que pouuoy-ie attendre
D'vn estranger passant qu'vn amour incertain.

Pour le iuste guerdon d'vn amour asseuree
Me voila maintenant seulette demeuree,
Mais si tu as encor quelque traict d'amitié,
Si tu tiens de la foy encor quelque estincelle,
Escoute moy de grace auant que faire voille
Si ce n'est par amour, soit au moins par pitié.

Si tu as le cœur noble, accorde ma requeste
Que ma beauté captiue honore ta conqueste,

Permets que ie te suiue, & soudain si tu veux,
Ie couperay l'honneur de ceste tresse blonde
Que tu trouuois iadis la plus belle du monde
Qui a quitté son cœur, peut quitter ses cheueux.

I'yray par tout le monde, Et i'ay trop d'asseurance
Pour monter à cheual pour te porter la Lance
T'assister & te suiure au milieu des combas;
Si tu es assailly, ie te seray voysine,
Pour receuoir les coups dans ma ferme poictrine
Heureuse si ton œil daigne voir mon trespas.

HYMNE.

Conditor alme siderum.

GRAND Dieu createur des estoilles
Lumiere des yeux de la foy,
Mon Christ mon Sauueur & mon Roy,
Escoute les pleurs des fidelles.

Voyant toute l'humaine race
Suiecte aux rigueurs de la mort
Tu l'as sauuee en cest effort
Dedans le haure de ta grace.

Sur le vespre au declin du monde,
Seigneur tu es venu à nous
Sortant comme vn Roial espoux
D'vn Palais où l'honneur abonde.

Sous la force de ta puissance,
Tous les Cieux doiuent s'abaisser
Et la terre doit confesser
Que tout te doit obeissance

Nous t'adressons nostre priere
O grand Iuge de l'vniuers
Garde nous du traict des peruers
Au point de nostre heure derniere.

Louange, honneur, Vertu & gloire
Au Pere, au Fils, au sainct Esprit,
Soit tousiours sans terme prescrit
Par tout de memoire en memoire.

SONNET.

A Monsieur Thomassin Sieur de Mortault Baillif de Ioinuille.

PVisque lon a tourné c'est coustume en loy,
Qu'il faut perdre à la court quelques ans de nostre âge,
Si la diuersité nous y peut rendre sage.
Ceste Court si diuerse apporte trop dequoy

I'obserue mille traicts & bien souuent ie voy
Dix milles changemens en vn mesme courage
I'apprens à me garder de croire à tout langage
Car il ne faut pas croire à qui n'a point de foy.

Les incommoditez ne me sont point fascheuses.
I'ay trop couru le monde & les mers orageuses
M'ont apris de porter toute sorte d'ennuy :

Ie suis desia grand maistre à feindre ma pensee
Et mon ame n'est plus d'autre chose offensee.
Sinon qu'il me faut viure à la court sans amy.

A MONSIEVR DE LA BERGERIE.

Vay-ie veu dedans Rome, vn theatre de ruyne
Milles marbres rompus pelle-melle en vn tas
I'ay veu en mille endroicts dont lon faict vn grand cas
Les signes apparans de la fureur diuine.

I'ay cent fois admiré la Colomne Antonine
Leuant les yeux enhaut, mais regardant à bas,
I'ay veu que sur son plan le temps n'espargne pas
Cest embellissement qui peu à peu se mine.

I'ay veu le Campidole & non tel toutesfois
Qu'il estoit esleué, alors que les François
Y tenoyent asiegez les Senateurs de Rome.

De ces ruines en fin ie puis tirer ce bien.
Que si les marbres durs par le temps ne sont rien
I'appren auec le temps, que c'est peu que de l'homme.

EPITAPHE

Du Sieur D. L. H. Cheualier de Malte.

Eluy qui gist icy tout bruslant du sainct Zele
Du deuoir de sa charge estoit si curieux,
Que mesme au dernier poinct, qui luy ferma les yeux,
Il menaçoit encor le barbare infidelle.

Son esprit enflammé de si iuste querelle,
Pour cercher du secours sembloit voller aux Cieux
Et se resiouissoit d'aller deuotieux
Trouuer sa recompence en la vie eternelle.

Heureux qui peut seruir en ceste iuste guerre,
Contre les Hotomans, vrais enfans de la Terre,
Qui n'ont rien que le vice & l'orgueil pour obiect

Si la mort est louable en vne grande charge
Celuy qui gist icy a eu de l'aduantage
De mourir & de vaincre en vn si sainct suiect.

SONNET
Sur la famine.

Ay veu cent & cent fois les vieillards à leurs tables
Louer le temps passé pour blamer les presens
Et d'vn graue discours, regretter ce bon temps
Que le gland nourrissoit noz peres venerables.

Helas! voicy les temps, mais ô temps deplorables,
Que lon a tant prisez en nos premiers parens
Ils ont vescu de gland, nous voyons tous les ans
Que le gland sert de pain aux pauures miserables.

Les Peres ont mangé en repos leurs racines
Et nous plains de malheurs, de guerre, et de ruines,
Nous ne mangeons iamais qu'auec estonnement.

Mais à nostre malheur nous differons des peres,
C'est que pour leur salut ils viuoient sobrement,
Et nous pour nos pechez nous viuons en miseres.

SONNET
A Madame la Vicomteſſe. De M.

DIANE au double front ſous le noir de la nuit
Au plain de ſon beau rond ne ſe monſtre ſi belle,
Comme voſtre beauté ſous l'ombre de ce voille
Prend vn luſtre aggreable, & viuement reluit.

Vos yeux ſemblent aux rais de celuy qui conduict
Par les Cercles des cieux la lumiere immortelle
Beaux yeux où la vertu de ſa viue eſtincelle
Sur le front de l'honneur, milles graces produict,

Puiſque pour enrichir voſtre beauté celeſte
Le ſort vous donne tout & n'a plus que le reſte
Et ne peut plus monſtrer de ſi digne ſuiect

Il faut que tout ainſi que vous eſtes extreſme
Si lon veut encor voir quelque traicts du parfaict
Que de voſtre beauté vienne vne autre vous meſme

Sur la deuiſe d'vn Treſ-illuſtre Prelat. A. D. LA. R.

In tactu intactus.

SONNET.

PVIS qu'il nous faut paſſer ce monde miſerable
Si plein d'impieté, de vice, & de malheur
Heureux cent fois celuy qui commande à ſon cœur
Et voit paſſer le mal, ſans le rendre coupable

Pour tirer de ce monde vn plaiſir delectable
Il faut ſentir cent fois, la peine, & la douleur,
Le printemps porte ainſi pour ſon plus riche honneur
Sur l'eſpineux Roſier ſa fleur plus aggreable.

Voſtre ame qui fleurit heureuſement parfaicte,
En ce temps corrompu ſe conſerue ſi nette,
Que vous voyez le mal ſans en eſtre taché,

Ainſi le beau Soleil, continuant ſa ronde
Paſſe diuerſement ſes rayons par le monde
Et touche toute choſe, & ſi n'eſt poinct touché.

A monsieur de R. sur son mariage.

IE me plains de moi-mesme, & de ma destinee,
Qui m'oste le plaisir de te voir bien heureux,
Apres auoir souffert tant de traiz amoureux,
Ranger ton amitié sous les loix d'Himenee.

Puisse ta douce ardeur n'estre point terminee,
Que ton lict soit comblé de baisers doucereux,
Que ce ne soit qu'vne ame, & qu'vn cœur de tous deux,
» Vne vraye amitié doit estre fortunee.

Ha! que ie veux de mal, à ses mauuaises ames,
Qui sãs cognoistre amour, mesprisent tãt les dames,
Et fuient malheureux ce bien heureux lien.

Il n'ont pas recogneu, le repos de la vie,
Qui est sans ce bon heur de mille maux suiuie,
C'est pour viure content, le comble de tout bien.

EPITAPHE De Madamoiselle Anne D. S. M.

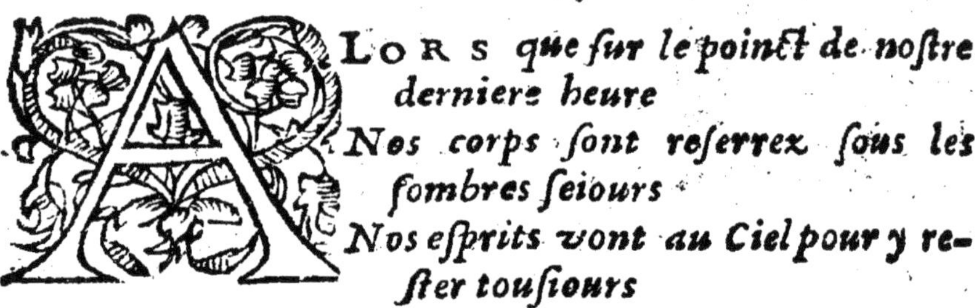

Lors que sur le poinct de nostre derniere heure
Nos corps sont reserrez sous les sombres seiours
Nos esprits vont au Ciel pour y rester tousiours
Et changent ceste vie en vn autre meilleure

Si de nous icy bas quelque chose demeure
Exemple de l'effort du fleuue à sept retours
C'est ce beau souuenir qui dure apres nos iours
Que la saincte vertu sur sa fermesse asseure

Si l'espoir de ce bien te touche en quelque chose
Iet te des fleurs passant sur la tombe ou repose
Celle qui laisse icy vn eternel renom.

Les fleurs durent bien peu, nos iours sont peu durables,
Mais les belles vertus sont tousiours memorables,
Heureux qui peut ainsi eterniser son nom.

STANCES
Presentées à la Royne à Chenonceaux par vne Nymphe.

I'ESTOI *parmy les prez où les mignards Zephirs,*
Vont caressant les fleurs, de mille doux souspirs,
Pour gaigner la faueur des compagnes de Flore,
Mais ayant entendu le desiré retour,
De tant de deitez, i'ay quitté ce seiour,
Afin de faire honneur à celle que i'honnore.

Madame c'est à vous, qui retenez des cieux,
La grandeur sur le front, & la douceur aux yeux,
Que chacun recognoist pour vnique deesse,
A vostre heureux retour, tout rit en ce païs
Les iardins, & les prez, en sont tous refleuris
La presence des dieux, n'apporte qu'allegresse.

Mais les prez n'eurent onc, tant de diuersitez,
Tant de plaisant email, ny tant de noueautez
Tant de bonnes odeurs, ny tant de fleurs si belles,

Que vostre maiesté, se pare richement,
De Royalles vertus, & de tout l'ornement,
Dont se peuuent parer les graces immortelles.

Que bien heureuses sont celles qui ont l'honneur,
De seruir, & de voir, vostre saincte grandeur,
Ioincte à tant de beautez qui meritent vn Temple
Vostre nom seulement, rend les vices confus,
La France tous les iours, se mire en voz vertus
C'est sur les deitez que lon doit prendre exemple.

Iunon vous doit bien suiure, & Pallas doit quitter,
L'olimpe sourcilleux pour venir imiter,
Vostre vraye prudence, & la belle Diane
Auec tout le troupeau des Driades des bois,
Doit suiure vostre Court, pour viure sous voz lois
Car où vostre œil paroist, rien ne paroist profane

SONNET.

VISQVE l'homme eſt rempli de tant d'ambition,
Puiſ-qu'il eſt tourmenté, d'vne ſi dure guerre,
Que s'il auoit à lay tout le rond de la terre,
Il ne ſoulleroit pas ſa folle paßiou.

Que ne prend il la peine en ceſte affection,
De regarder le Ciel, qui tout le monde enſerre,
Il auroit mille fois moins de peine à l'acquerre
Et auroit plus de gloire, à la poſſeßion.

Le Ciel eſt vn grand cercle, & la terre eſt ſon poinct,
Le poinct eſt vn ſuject qui ne ſe partit poinct,
Le cercle eſt tout capable en ſa circonferance,

Mais celuy qui s'adonne, aux choſes d'icy bas,
Arreſte ſur le poinct le pied de ſon compas,
Et iamais l'autre pied, ſur l'infini n'aduance.

Sur la deuiſe d'vn cheuallier.

AEterno Coniuncta Iugo.

SONNET.

EN mille & mille lieux, i'ay couru la fortune,
Sous les forces d'Amour, & les effors de Mars,
I'ay ſouffert les tourmēs i'ay paſſé les hazards,
I'ay broſſé, i'ay cinglé, la route non commune,

Celuy qui ſur les flotz de l'orageux Neptune,
A veu briſer cent fois, ſa nef en mille pars,
R'aſſemble encore en fin, les aiz du bris eſpars,
Et reſaluë encor la bonace oppertune.

Sans m'eſtonner iamais des amoureuſes flames,
Sans m'esbranler iamais des guerrieres alarmes,
I'ay ſuiuy l'vn & l'autre, Or d'vn vœu ſolemnel

Sans plus me ſoucier des mondaines trauerſes,
I'allie pour iamais, ſous vn ioug eternel,
Et les guerriers efforts, & les flames diuerſes.

A MONSIEVR DE VERVILLE, Sur les Discours du Poliphile.

TV as en fin trouué sage & sçauant VERVILLE
Vn suiect de merite & propre à ton humeur,
Lors qu'en son naturel i'ay leu le Poliphile,
I'ay creu que ton Esprit suiuoit mesme labeur.

Ce doux & docte Amant rempli des cognoissances
Qui ne se treuuent plus qu'entre les curieux,
Par le plus beau sentier des plus riches sciences
Conduict vne belle Ame au plus beau lieu des Cieux.

Amour luy donne force, & l'obiect de sa Belle
Tourne ses passions sur les tours de son œil:
Comme le beau Soucy par force naturelle
Tourne tousiours la face au rais de son Soleil.

Amour est le flambeau d'vne Ame de merite

Qui s'esleue & se pousse à chercher le parfaict:
Ceux qui n'ont ce desir pour leur seure conduite,
Iamais en grands desseins ne feront grand effect.

Pour seruir la beauté qui seule luy commande,
Et qui ioint les vertus à ses perfections:
Il trauaille sans cesse, & courageux il bande
Tout le plus vif effort de ses conceptions.

Cela le faict entrer dans la Cabale sainte
Des Chimiques secrets, où il treuue du iour:
Et s'il fait dans le Ciel quelque autre belle pointe,
Il est tousiours porté sur les aisles d'Amour.

Il sçait la verité des pures medecines,
Par l'essence cogneuë aux simples plus cachez:
Et tire ingenieux des communes racines,
De merueilleux effects non encor recerchez:

Puis dans l'antiquité des ruines d'vn grand Temple
Sur les restes brisez des ornemens perdus,
Par vn point qui n'aura que luy seul pour exemple,
Il treuue la pratique & l'ordre du surplus.

Il enrichit ainsi la belle Architecture,
Tirant de ce desert les traicts enseuelis:
Et garde les beautez auec tant de mesure,
Qu'en ses moindres desseins les traicts sont accomplis,

Mais lors qu'en ces douceurs il esgaye son Ame,

Il tire d'vn beau feu la clarté de son Eau
C'est vne Eau lumineuse où se nourrit la flame,
Qui sans diminuer sert d'eternel flambeau.

Subtile inuention que ie laisse à comprendre
Au gentil curieux qui la peut estimer:
L'eau se tire d'vn feu qui ne faict point de cendre,
Et qui brusle tousiours sans iamais consumer.

Il faict en d'autres lieux d'autres beautez paroistre,
Dans la diuersité de ses chastes tourmens:
Mais ce qui touche au cœur ne se peut recognoistre,
Que par les yeux ouuerts des plus sages Amans.

Tu fais ainsi VERVILLE, *& ton labeur s'esgale*
Aux occultes moyens de si rares Esprits:
Car pour couurir le feu qui ne brusle, n'exhale
Des discours de l'Amour tu couures tes escrits.

Quand verrons nous ta Nymphe en la troupe des belles,
Accomplir son voyage, & finir ses regrets?
Ce sera lors qu'Amour sous l'ombre de ses ailles
Couurira le grand Oeuure, & mille autres secrets.

Trois grands Princes de l'Inde, où le Soleil se leue,
Feront preuue du sel, du souffre, & du miroir:
Mais puis qu'Amour sera le iuge de la preuue,
Ceux qui n'aimeront point, ni pourront rien sçauoir.

Hà! que ie veux de mal à ces ames forcees,
Qui sans cognoistre Amour, mesprisent tant ses feux,
L'on ne peut conceuoir des galantes pensees,
Si le penser n'est prins d'vn suiect Amoureux.

Epitaphe de vertueuse Damoyselle Madamoyselle de L.

Pris du latin.

Celle qui git icy, prudente, honneste, & sage,
Luisant comme vn Soleil en la fleur de ses ans
Aussi belle d'Esprit, que belle de visage,
Dedans sa chaste couche est morte sans enfans.

Le Ciel qui luy gardoit le celeste heritage,
Eschauffoit ses espris de ses feux non brullans,
La terre aura (dict-il) le corps pour son partage,
Et moy i'auray l'Esprit, que i'ay logé dedans.

Ainsi le Ciel plus fort, retenoit la puissance,
Sur l'Esprit eschauffé de ceste cognoissance. (beau,
Qui conduit les vertus, au clair d'vn sainct flam-

Ce qui estoit de terre, en la terre seiourne,
Mais le fœcond Esprit, dedans le Ciel retourne,
Laissant sa froide cendre, enclose en ce tombeau.

SONNET.
Pour M. de bon Port.

LE silence addoucy d'vn repos gracieux,
Conduisoit doucement les pas d'vne nuict brune,
Le sommeil tenoit tout sous la force commune,
Lors qu'vn songe se forme, & paroist à mes yeux.

Ie vy lors vn grand Roc, qui s'esleuoit aux Cieux,
Aßis au plus profond du regne de Neptune,
Et deßus le plus haut paroissoit la Fortune,
Qui deffendoit l'abort de ce port precieux.

Ie vy mille vaißeaux sous vne mesme estoille,
Pour aborder ce Roc voguer à plaine voille,
Sans craindre les dangers du difficille abort.

Mais les choses de prix ne sont pas bien aisees,
Ie vy dedans les flots mille barques brisees,
Et vn vaisseau tout seul paruenir à BON PORT.

SONNET
A Madame la Vicomtesse, de la C. S.

I l'ordinaire cours ne trompe
point mes yeux,
Ie treuue au iuste poinct de vo-
stre destinee,
Que de deux beaux bessons
vous serez fortunee
Car en ce mesme aspect Ve-
nus preside aux Cieux.

L'vn doit estre vn beau fils, accord, & gracieux,
L'autre vne belle fille, & prudente, et bien nee
Ainsi sur l'ascendant, par la ligne ordonnee,
Se treuue le rencontre au calcul curieux.

L'vn aura les valleurs, & les honneurs du pere
L'autre aura les douceurs, & les meurs de la mere,
C'est tout ce que les cieux peuuent donner de beau.

Comme vostre vertu tout ce siecle redore,
Vous pouuez d'vn beau fils, faire vn Phœbus nou-
Et d'vne belle fille, vne rare Pandore. (ueau,

EPITAPHE de M. D. B.

Eluy qui git icy fut mignon de Cipris,
Fils aisné du grand Mars, tout remply d'asseurance,
Qui au futur dessein d'vne braue esperance,
Nourrissoit hautement ces illustres espris.

Sur tous ceux de son siecle il emportoit le pris,
Dorant de ses Vertus le grand ordre de France,
Sa grandeur comme vn iour sortoit en apparance,
Mais il fut en la fin de la Parque surpris.

Il auoit tousiours eu la Grace fauorable
De la Fortune Amie & du Sort secourable,
Mais l'vn rompant son cours, l'autre l'a delaissé.

Ainsi sans y penser nostre vie est surprise,
Iamais sans grand danger ne fut grande entreprise,
Tant va le pot à l'eau, qu'en fin il est cassé.

SONNET.

DE H.D.P.

VN PAGE Noble & braue, & viuement accort,
Gist dessous ce tombeau, qui par grande disgrace,
Pour maintenir l'hõneur, & le nom de sa race,
Esleut auant le temps vne honnorable mort.

Pour si iuste querelle il ne craint point l'effort,
Mais dans ses ennemis, il se pousse d'audace,
Et ia son bras vainqueur luy donnoit de la place,
Alors qu'vn coup mortel, fit rechanger le sort.

Il mourut sur le champ, que son courage honore,
Et pour si braue effect son Renom dure encore,
Car en âge si tendre, il mourut combatant.

Voila que c'est, PASSANT, que de viure sur terre,
Outre ce que iamais l'homme n'y est content
La mort en cent façons luy faict tousiours la guerre.

EPITAPHE
De Madamoiſelle D. B.

BElles qui cheriſſez le deuoir, & l'honneur,
Couronnez ce tombeau, de couronne nouuelle,
Ceſte beauté merite vne gloire immortelle,
Qui eut dãs vn beau corps, la force d'vn grand cœur.

Vn iour que ſon eſpoux, aſſailly de fureur,
Cedoit à l'ennemy plein de rage cruelle,
Elle ſort courageuſe, & d'vne ame fidelle,
Se preſente ſans crainte, & s'oppoſe ſans peur.

Elle reçoit vn coup, qui cruel vint deſcendre
Deſſus les chaſtes liz de ſa poictrine tendre,
Elle tombe, & ſe treuue aux portes de la mort,

Son Ame par ce coup fut dans le Ciel rauie,
Elle aimoit ſon eſpoux, & l'honoroit ſi fort,
Qu'elle voulut mourir pour luy ſauuer la vie.

SONNET
D'vne Damoiselle au Sieur le DIGNE. Sur le Temple de la Chasteté.

MVSES si quelquesfois vous auez Couronné
Du Tracien harpeur la Perruque immortelle,
Le Digne doit auoir la faueur toute telle,
Qui a si dignement vostre los estonné,

Et vous qui iouissez d'vn esprit si bien né,
Belles dont les beautez font la France si belle
Retenez le pour vostre, & d'vne main pucelle,
Posez dessus son chef le laurier destiné.

Il chante vostre loz d'vne chaste eloquence,
D'vn reciproque honneur l'honneur se recompẽce,
Son Nom doit à iamais estre bien renommé.

Ordonnez entre vous que si iamais il ayme
Quelque honneste beauté, qu'il soit aymé de mesme.
Vn si gentil esprit merite d'estre aymé.

A Monsieur le Digne. Sur le Temple de la Chasteté.

SONNET.

VE ie te sçay bon gré de mespriser le DIGNE,
Ces esprits delicats qui ne peuuent priser
Que leurs propres desseins, toy sans te desguiser
Tu ne fais point d'estat de leur langue maligne.

Ton chant est aussi doux que le doux chant d'vn cygne,
Qui veut sa mort prochaine aux eaux prophetiser
Ie loue ton Dæmon qui t'a faict aduiser
Et de chanter si bien & d'vn suject si digne.

Mais i'estime beaucoup qu'vne si chaste Dame,
Soit au front de ton Temple & que ta douce flame
Esclaire l'vniuers sous son authorité,

Car puisque ce discours luy plaist, il ne peut estre,
Que bon, que beau, que bien, que faict de main de maistre
Et digne de l'honneur que tu as merité.

I.T.R.

FIN DES OEVVRES CHRESTIENNES

www.ingramcontent.com/pod-product-compliance
Ingram Content Group UK Ltd.
Pitfield, Milton Keynes, MK11 3LW, UK
UKHW020551180726
13838UKWH00001B/184

9 782329 354569